中国历史文化名人画传系列

辛弃疾画传

朱 虹 /著
刘晓毅

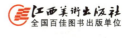

江西美术出版社
全国百佳图书出版单位

江西·南昌

辛弃疾

（1140—1207）

辛弃疾（1140—1207），字幼安，号稼轩，山东历城（今山东济南）人，我国历史上伟大的豪放派词人、爱国者、军事家和政治家。他出生于民族矛盾激化的宋金对峙时期，22岁就举起抗金大旗。南归后，辛弃疾辗转于赣、苏、鄂、皖、闽等地，先后担任江阴签判、建康通判、滁州知州、江西提点刑狱、隆兴知府兼江西安抚使等职务，政绩卓著。期间他创作《美芹十论》等军事著作，平叛茶商军，创建"飞虎军"，力图北伐，完成统一大业。但他的志向得不到朝廷支持，屡遭罢免。被罢免后，他曾长时间居住在上饶带湖、铅山瓢泉一带，将大部分精力投入到宋词创作中，在中国"词"的巅峰时期贡献了巅峰词作，被称为"人中之杰，词中之龙"，与苏轼被人合称"苏辛"。

目录

01

齐鲁沃土的神奇少年

靖康之变　宋金对峙

自先秦开始，北方游牧民族和中原农耕民族的交往、斗争、融合就成为中国历史的重要组成部分。

北宋时期，中原王朝虽经济发达、文化繁荣，边界却不断受到契丹、女真、党项等少数民族的骚扰、侵袭、蚕食甚至是吞并。以文立国、重文轻武的宋朝处于被动挨打的局面，外有戎族强敌、内有农民起义，变法失败，未寻得富国强兵之路，最高统治者沉迷于蹴鞠、书法、绘画等文化体育爱好，纸醉金迷，对如何当好皇帝却不得其法。

落后就要挨打。北宋靖康元年（1126）九月，天气转凉，秋叶渐黄，草原作物干枯，逐水草而居的游牧民族再次南下攻宋，一路势如破竹。兵临城下之际，宋徽宗不想背下这亡国之君的历史骂名，临时把皇位让给了自己的儿子宋钦宗赵桓。靖康二年（1127）初，在凛冽寒冷的北风中，女真部队终于突破了北宋苦苦坚守的最后防线，攻下了东京城（今河南开封），掳走宋徽宗赵佶、宋钦宗赵桓及皇亲贵族，劫空东京城内金银布帛，繁华散尽，北宋灭亡，史称"靖康之变"。

靖康之变使得中原王朝陷入巨大的经济和文化灾难，一直对周边少数民族怀着优越感的汉族遭受到了前所未有的耻辱。徽宗、钦宗二帝被辗转囚禁，饭不饱腹、衣不御寒、住无定所，还被侮辱性地封为"昏德公""重昏侯"。即便如此，为了活命，宋徽宗、宋钦宗还要强作欢颜，不停给金朝统治者上书感恩。战乱之下，连王朝的最高统治者都不能避免悲惨的命运，更何况那些随着宋徽宗、宋钦宗北上的王公大臣、后宫嫔妃们。从天堂坠入地狱，男人们受尽百般虐待，女人们被迫为奴为娼。被儒家经典教化了的北宋官民们最看重的是礼义廉耻，却不得不在残酷现实中忍受一次次信仰的崩塌，遭受着最原始最粗俗的虐待。

《宋钦宗坐像》　佚名

东京城被围之际，临时接班的宋钦宗赵桓并没有束手待毙。在众多反金的力量中，他选择了正在相州（今河南安阳）的皇族兄弟赵构。为拯救大宋江山，赵桓写下蜡丸密信，派可靠之人趁着夜色从城墙而下，将信送达身在黄河以北的康王赵构。在北宋王朝的最后时刻，皇帝任命自己的弟弟赵构为"河北兵马大元帅"，负责统领黄河以北、以东和其他地方的大宋官兵及民间义军，并让赵构率领兵马救援都城。

可赵构却没有扛起这救国于危难之际的千钧重担，他主要考虑的是，如何能当上皇帝，然后彻底摆脱金军，到东南富庶之地享受生活。等金朝大军撤离东京之后，赵构抓住短暂的战争间隙在应天府（今河南商丘）匆忙即位，改年号"建炎"，国号依然为宋，史称"南宋"。之后，便是狼狈不堪地一路南逃，从河北"泥马渡康王"到江南，再到扬州、杭州、越州、明州，最后还在海上漂泊了4个月。历经磨难,赵构领导的南宋总算在临安(今浙江杭州)渐渐站稳了脚跟。

《吊古战场文草书》 岳飞

草堂平昔賞心見人何事縈
審　　　　　　　　塵山鄉

終歸幸娥婷鳳紅
尻魔遊船地擡
舊需宅多意系嶷
擡也君　　　一字

老華居当獻墻戈
雲霞三年決之飛
笑了催刻似傷人

都者霄暖獻伯近
代須君市夫露蜆
結代副餘茗茗等
平壽生進生

為雲山鄉店
牧河兴蒋疯地宮
了毛不毛婦玻亭
于錄力獨鏡浪郁
毒潭宇邑牛
子的米中一切也

收来一一　　　家地

波尿妹尼港之岸宅
浦老慘之堂夏来
奈勞啸　固为怙三月
可诱言都故来
二日君実朝之跼绝
尚也我求實力新
而事越子生

風快婷年書往
手亲她我千我
膏之慈仰孫名

守刺 于乃麻焙
亭了临兄家饿峡
与七子两官房经
轻了之善嘗嶺客
平平喜之足定悠状

哥人强用己虚牌
吾等之怕凡足皇坤
大袋柄相更曾皇遹
遲閏的濯陈之三吏辥

羊々螇之毛涅之自專

生于风雨飘摇、局势动荡中的南宋，似乎天生就缺乏勇敢进取的精神，王朝偏安东南，苟安享乐，早就把恢复中原的大业抛在一边。淮河以北的原宋朝官民，不甘心被女真统治者压迫，纷纷组建忠义民兵反抗，中原地区的民族矛盾异常尖锐。

南宋绍兴九年（1139），为了保住仅存的半壁江山，南宋一再妥协求和，与金朝签订和约。和约墨迹未干，金朝就不认账了。绍兴十年（1140），金朝的主战派金兀术（完颜宗弼）杀掉主和派大臣完颜昌等人后，单方面撕毁和约，率领大批兵马再次大举入侵南宋。此时的南宋已经从靖康之变的失败中逐渐恢复，经济、军事实力均有所增强，广大军民抵抗南侵金朝大军的思想统一、意志坚决。金兀术的部队先是在顺昌（今安徽阜阳）被南宋将领刘锜打败，紧接着被岳飞率领的部队连续击败。一时间，岳家军的先锋部队收复了郑州、洛阳，进军距离北宋故都开封非常近的朱仙镇，收复开封仅一步之遥。此时，南宋的赵构和秦桧也紧张起来，他们既担心岳飞功高震主、不可节制，又担心岳家军趁势做强做大，对新生的南宋政权造成威胁，赵构

《秦淮忆旧》册页　石涛

更担心岳家军收回开封后，迎宋钦宗回京而使自己
无法稳坐皇位。于是，"十二道金牌"连下，岳飞
只得班师回朝。绍兴十二年（1142）年初，岳飞及
儿子岳云被杀害。此后，南宋军队再也无法挺进到
北宋旧都开封府附近。

金兀术南征失败后，国内政局动荡不安，没有
时间和精力对付南宋。宋金双方在一次又一次的战
争中，互有胜负，彼此都无法完全吞并对方。金朝
不能灭掉南宋，一统天下，南宋也不能收复中原，
一雪前耻。双方事实上以淮河、秦岭、大散关为界，
形成了南北对立的局面。

奇才诞生　诗书伴随

大悲剧下也有小欢乐。南宋绍兴十年（1140），在金兀术大举南侵之时，济南府历城县四风闸的辛氏家族添了个男娃。

五月的济南，春去夏来，天气渐热，草木繁茂，正是一年中的好时候。辛家添丁了，孩子父亲辛文郁高兴得合不拢嘴，其祖父辛赞更是激动不已。辛赞为孙子起名"辛弃疾"，意为健康成长、百病不侵，

《百子嬉春图》　苏汉臣

又以"弃疾""去病"之意寄望后代能够像西汉名将卫青、霍去病一样，北战匈奴，建功立业，名垂青史。

据《济南辛氏族谱》记载，济南辛氏祖先（一世祖）叫辛维叶，年轻时在陇西狄道（今甘肃临洮）为官，后随着职务的晋升举家搬迁至山东济南。高祖（二世祖）叫辛师古，曾任官职较低的儒林郎。曾祖（三世祖）叫辛寂，曾担任宾州司户参军，是一个掌管赋税、户口、仓库事务的正七品官员。到辛弃疾祖父辛赞时，济南的辛家已经是第四代。金兵攻打济南，山东大地一片混乱，南下逃难的人不计其数。辛赞因为家族中人口众多，无法逃走，"累于族众、未能脱身"，只得留在济南。为了家族的温饱生计，他忍辱负重，先后当过亳州、开封等地的官员，官职虽然较高，却"身在曹营心在汉"，内心期盼王师北定、恢复河山。

辛弃疾画像

宋人罗愿曾在诗中写道："辛氏世多贤，一姓古所夸。"辛氏家族中传承的文学素养和好学风气，为辛弃疾的成才之路提供了良好的先天环境。

齐鲁大地则为不断涌现的文武兼备的奇才提供了肥沃的土壤。山东，自春秋时便为齐鲁之要冲，兼具齐国之重商与鲁国之重礼，亦有岱宗之秀色与北溟之美景，还存孔孟之遗风与好汉之忠义。就气候而言，此地四季分明，却又并不极端，冬天没有漠北般的寒冷，夏日也没有江南伏旱的高温，春秋舒适而色彩斑斓，二十四节气搭配此地正好。再看降雨量，此地处于湿润与半湿润地区交界地带，没有西北荒漠的干旱，也没有南方雨季时过分的潮湿，从龙山文化、大汶口文化，到春秋战国的孔孟，怪不得中华文明渊源于此。

辛弃疾是济南人。济南以泉水众多著称，拥有"七十二名泉"。唐代诗人杜甫形容此地为"海右此亭古，济南名士多"。在尧舜禹时代，舜躬耕于历山，至今济南市仍有带舜字的地名 1400 多处。隋唐时期，秦琼随李世民南征北战，立下不朽战功，"秦琼卖马""为兄弟两肋插刀"的故事在民间广为流传，

震大明湖時来泉上
濯塵出冰雪滿懷清
興孤
右二題皆濟南近
郭佳處乙謹家牧
齋也遂為書此 王頔

《趵突泉诗》 赵孟頫

趵突泉

濼水發源天下無

地湧出白玉壺谷虛

久恐元氣洩歲旱不

熟東海枯雲霧潤

蒸華不注波瀾聲

秦琼还成为中国民间驱邪避害的门神；房玄龄则善于谋略，成为唐初名相，与杜如晦并称"房谋杜断"。到北宋时期，济南已经是"富饶之地"、赋税最多的地区之一。济南人李清照写下诸多婉约诗词，成为"千古第一才女"。此外，李白、杜甫、曾巩、苏轼、苏辙等名家巨擘都曾经在济南生活或居住过。

辛弃疾出生地四风闸，地处山东小清河河畔，现在济南遥墙机场附近。从山东地图看，此地距离东岳泰山（一山）、泉城济南（一水）、孔子故里曲阜（一圣人）都非常近，南下之前的辛弃疾常常活跃在这一带。泰山的厚、孔孟的儒、泉水的灵、山东好汉的义相互融合，崇文与尚武的精神交织跌宕，为一代奇才辛弃疾的出现创造了有利的外部环境。

可惜的是，辛弃疾的父亲辛文郁体弱多病，在他很小的时候便去世了。失去父亲的辛弃疾在祖父辛赞的教育下，读书识字，舞刀练剑，一天天健康地成长。

辛弃疾六七岁时，祖父辛赞被派到亳州谯县为官，恰好认识当地一位叫刘瞻的大儒。刘瞻，是亳州（今安徽）当地人，字岩老，自号樱宁居士，擅作田园诗。辛赞让辛弃疾拜刘瞻为师，以接受更高层次、更好质量的教育。

刘瞻门生众多，成绩最为突出、表现最为出色的当为辛弃疾和党怀英。巧合的是，二人均为山东人，老家相距并不远。党怀英字世杰，号竹溪，也是出身名门世家，只不过因父亲去世早，少年时家庭条件并不好。党怀英年长辛弃疾7岁，二人成为同门师兄弟后，一起学习，一起玩耍，关系很好，交往也密切。亳州当地均认为辛弃疾、党怀英二人才华超群、不相上下，人称"辛党"。

泰山，崛起于华北平原之上，为齐鲁之要地，是中华文化的发祥地和重要符号，又名"岱宗""岱岳"等，被称为"五岳之首"。辛弃疾和党怀英，一个在泰山之北济南历城，一个在泰山之南奉符（今山东泰安）。他们共同关注真宗泰山封禅的故事。

五岳是众山之尊，而泰山是五岳之尊，自古以来被帝王、贵族、文人和老百姓推崇。泰山"封禅"是中国古代帝王祭祀的重要仪式，按规定，只有"文治武功、德行无碍、世现祥瑞"的皇帝，才有资格在泰山封禅。历代众多帝王中，只有13位登上泰山封禅

《泰山八景诗刻》 戴经

或祭祀。然而，宋真宗是个成绩不咋样又想得"三好学生"奖状的皇帝，功绩不行，又刚刚签订了不平等条约"澶渊之盟"，还要坚持封禅。

在选定好日子和路线后，北宋大中祥符元年（1008）十月，宋真宗赵恒率领大批人马从开封出发，

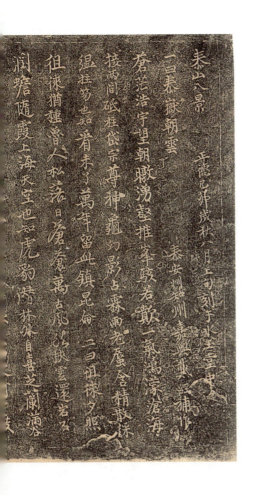

出河南，渡黄河，入山东，车队浩浩荡荡，连绵几公里，向着他心中的圣山进发。皇帝一路走，一路看，顺带"体恤民情"，车队所到之处，沿途官员远迎跪接，以有幸迎接天子为最高荣耀。皇帝这条登山之路，也立刻成了"御道"。马上到泰山的时候，宋真宗非常高兴，在距离泰山30公里的永安寨安驾驻跸后，他就将永安寨的名字改为"安驾庄"，并将皇家侍卫驻扎之处取名为"护驾院"。他把泰山脚下的乾封县改为"奉符县"，所以党怀英也就成了奉符县人。信奉道教的宋真宗将泰山神（东岳大帝）封为"天齐仁圣帝"，将民间称的"泰山老奶奶"——泰山女神封为"天仙玉女碧霞元君"。他仿照前人，在泰山上篆刻《登泰山谢天书述二圣功德铭》，详细向上天汇报了自己的功绩。只可惜，百年后，北宋王朝就被金人灭亡，泰山亦被金人所占。

聊到这些，辛弃疾和党怀英唏嘘不已，年轻的他们正面临着命运的转折，今后道路到底如何走？辛弃疾心向南宋，党怀英留下效命金朝。辛党二人由此走上了一南一北迥然不同的道路。党怀英留在金朝，曾多次参加科举不第，后终于在金朝大定年间高中进士，可谓大器晚成。党怀英既没有带兵打仗，也没有主政一方，而是安安心心做学问，成为金朝有名的文学家和书法家，他曾担任的最高官职为翰林学士承旨，大约为三品官，为资历最深的翰林学士。

北上科举　刺探军情

　　祖父辛赞对这个小孙子格外宠爱。每逢闲暇之时，辛赞就带着辛弃疾和他的小伙伴们远足探险，爬山越岭，一起在高处北眺南望，指点山河。哪些地方曾经发生过激烈的战斗，哪些地形可以作为军事的凭借等，辛赞都娓娓道来，给孩子们详细讲解。让辛弃疾印象深刻的是，祖父总是"南望江山"，希望有朝一日南宋军队起兵北伐，中原地区百姓揭竿而起，一举恢复大宋江山。这些，让辛弃疾从小在心里埋下了恢复中原、一雪前耻的爱国种子。

　　山东小伙辛弃疾长得愈发壮实了。他目光有棱、背胛有负、孔武有力、身手不凡，活脱脱一个男子汉形象。

　　这一年秋天，辛赞被金朝派遣到开封做官。他带着辛弃疾来到了这个大宋曾经最为繁华的城市。秋天本是收获的季节，满怀期待的辛弃疾一路上憧憬着大城市的美好。到达之后，映入眼帘的是一幅衰败凄惨的场景。他与人交谈时，发现老百姓竟多是说胡语，汉族语言已说得不流利，曾经政商云集、经济富庶、商业繁华、文化昌盛的大宋都城已不复

《丛桂斋图》　文徵明

存在。中年时，久居江南的辛弃疾回忆到这些场
景时，依旧心痛不已。"余儿时尝入京师禁中凝
碧池。"在词作《声声慢·开元盛日》里，他写
到小时候曾经到过的京城宫中的凝碧池，在大宋
盛世的皇宫里，桂树林立，桂花飘香。后来，京
城陷落，繁华散尽，只有桂树寂寞地留守在昔日
的皇宫，让人悲伤。

开元盛日，天上栽花，月殿桂影重重。十里芬芳，一枝金粟玲珑。管弦凝碧池上，记当时、风月愁侬。翠华远，但江南草木，烟锁深宫。

只为天姿冷淡，被西风酝酿，彻骨香浓。枉学丹蕉，叶底偷染妖红。道人取次装束，是自家、香底家风。又怕是，为凄凉、长在醉中。

——南宋　辛弃疾《声声慢·开元盛日》

为加强对中原地区的控制，金主完颜亮将都城从会宁府迁至燕京，并仿照唐宋体系，建立了自己的科举考试制度。年轻的辛弃疾"文武双全"，在乡试中选并被送到燕京参加科举考试。

按照祖父辛赞的安排，辛弃疾参加科举考试为假，侦探金朝军情为真。他先后两次以应考为名，前往金朝的政治中心燕京考察地形，了解金朝的军事部署和政治形势，并搜集情报。在北上之时，辛弃疾路过真定府、

《卓歇图》 胡瓌

定州、保州、涿州，他目睹了女真统治下的北方，到处生灵涂炭、民不聊生。除了日益繁重的苛捐杂税外，汉族百姓还要承受着不公平的政治待遇。比如，女真族和汉族百姓起了冲突，统治者只惩罚汉族百姓，不惩罚女真人。

两次燕京科举之行，不出意外的，均以辛弃疾落榜告终。从燕京返回不久，影响他一生的祖父辛赞因病去世了。而辛弃疾在沿路目睹的一切，都让年轻的他悲伤、愤怒，并下定了反抗的决心。

02

才华横溢的军事天才

金兵南下　举旗反抗

南宋绍兴十年（1140）至绍兴三十年（1160）年间，宋、金度过了相对安宁和平的时期。

江南的怡人美景和富庶经济太让人沉迷了。北方的名门望族南下后，纷纷喜欢上了这个人间天堂。而女真统治者，更是对江南富庶之地垂涎三尺。早在北宋，婉约派词人的领军人物柳永在领略了美景佳人后，写下了一篇描绘江南美景的《望海潮·东南形胜》，堪称柳永经典代表作和江南最佳广告词。在词中，柳永用"钱塘自古繁华"确立了杭州的历史定位，用"东南形胜，三吴都会"描写了杭州的优越地理位置，用"烟柳画桥，风帘翠幕""有三秋桂子，十里荷花"描绘了西湖的美景和自然风光。

一首词能让人爱上一座城。金主完颜亮对汉文化非常感兴趣，尤其爱好诗词。词作传到了完颜亮的手中，他爱不释手。骑在马背上的完颜亮见惯了北方的辽阔和雄浑，一首词让他对诗意婉约的江南望眼欲穿，激起了他征服南方、一统天下的欲望。江南那么美，我想去看看。中国这万里江山本来应该是大一统的，南方怎么还能有另外的朝廷呢？一

《江南春倡和图》 文徵明

定要"提兵百万西湖上"，在完颜亮写的一首诗《题临安山水》中，他那觊觎江南、占领杭州的野心展露无遗。

万里车书一混同，江南岂有别疆封？
提兵百万西湖上，立马吴山第一峰！
——金朝　完颜亮《题临安山水》

南宋绍兴三十一年（1161），完颜亮压下朝廷内部反对迁都、反对战争的声音，执意迁都到开封，并征集大量粮草、调动大队兵马。九月在朝野上下的反对声中，完颜亮率领几十万大军兵分四路攻打南宋。

战争初期，金兵进展顺利。宋高宗赵构又

犯了"恐金症"，他害怕不已，一度想再次往南跑，或者逃到海上避难。在主战派大臣们的劝说下，赵构才勉强鼓起勇气，装了装样子，亲自到建康督战。

不得不说，赵构当皇帝的命真好。虽然他自己怕得要命，宋军战斗力也比较弱，但碰巧的是，强大的对手"后院失火"。在两国短兵相接之时，金朝内部政局发生了变化，完颜亮从弟完颜雍不满哥哥的好战行为，趁大部队南征之时发动政变，并在辽阳称帝，率大军进据燕京。

宋金交战时，中原地区汉族民众组织的起义军也趁机反抗女真统治，声势浩大，泗州、

《长江万里图卷》 赵黻

陈州、顺昌、邓州等地全部被民间义军占领。

在南征渡江战役中，金朝部队在安徽马鞍山的采石矶一带被宋军将领虞允文率领的部队打败。所有战船几乎都被烧毁，势不可挡的金军被打蒙了，斗志下降，军心不稳。完颜亮不肯认输，命令部队在三天之内渡过长江，希望渡江以后再班师返回争夺皇位。可完颜亮的部下们却不愿再干下去了，他们合伙杀死了完颜亮，并派人到南宋议和。失去"带头大哥"的金朝大军撤离交战前线，完颜亮发动的南侵战争也宣告失败。

金朝统治下的北方老百姓实在是太苦了。统治者将原北宋百姓视为"异族""另类"，税赋名目繁多，横征暴敛，加上水旱灾害、蝗灾虫灾，百姓生活在水深火热中。在宋金激烈交战之时，中原百姓揭竿而起，纷纷组织义军起兵反抗。大者连城邑，小者保山泽。

自幼便立下反抗金朝统治志向的辛弃疾深知，祖父辛赞这么多年一直等的机会来了。他继承祖父遗志，变卖了家中财产，安顿好家中亲人，组建了抗金义军，聚集 2000 人起义，成为泰山附近较为活跃的抗金力量。辛弃疾手底下的 2000 名热血男儿，家庭背景各不相同。他们既不是经过专业训练的士兵，也不是武艺高强的侠客；既没有朝廷派发的军饷，也没有足够坚硬的铠甲保护自己。但面对金朝士兵，他们毫不胆怯，用血肉之躯阻滞着金军的南下，在刀光剑影中守护着汉人的家园。

但是，农民军毕竟不是正规军。辛弃疾手底下的这支部队，衣服没有统一的制式，手里也没有足够锐利的武器，甚至连吃饭都成问题，称其为"乌合之众""散兵游勇"一点儿都不过分。要想壮大抗金力量，必须要借助外界的支持。

耿京成为辛弃疾寻求帮助的目标。在众多起义军的首领中，同样来自济南的耿京，举旗起义，一路攻城拔寨，发展壮大，泰安、莱芜、兖州、郓州等地都被其占领，规模发展到近 20 万人，一跃而成当时北方各路义军中占地最广、兵力最多、实力最强的一支队伍。为了占领道义高地，耿京任命自己为"天平军节度使"，类似于唐代末年的藩镇割据势力，山东西部、黄河以北的民间义军都归他节制。为了维持自己的抗金大业，辛弃疾带领手下 2000 余人的队伍投奔耿京。耿京非常重视辛弃疾，任命他为掌书记，相当于办公室主任，掌管全军的书檄文告等，此时辛弃疾年仅 22 岁。

同样来自济南附近的和尚义端也聚众千余人起事。辛弃疾与义端是好朋友，他把义端发展成为一起抗金的战友，一起加入耿京的队伍。但是没过多久，抗金意志并不坚定的义端背叛了耿京和辛弃疾，他从军营中逃跑投奔金军，临走时还偷走了帅印。耿京的眼中容不得背叛，他异常愤怒，要追究辛弃疾的连带责任，并要他接受处罚。辛弃疾内心非常委屈，义端是自己推荐给耿京的好友，没想到这个所谓的"好友"竟如此坑害自己。辛弃疾百口难辩，在耿京面前立下军令状，跨上战马就去追义端。他抄近路追上了义端，愤怒地质问他。义端自知理亏，他跪下求饶，请求辛弃疾放他一马。

《宋史·辛弃疾传》中记载义端的临终感叹："我识君真相，乃青兕也，力能杀人，幸勿杀我。"青兕，是古代北方类似犀牛的野兽，头有两角，尾巴似马，异常凶猛。义端说辛弃疾前世是青兕，求辛弃疾不要杀他。辛弃疾再也不相信他了，一刀砍下了义端的头颅。

完颜亮南侵失败后，完颜雍当了金朝的皇帝。他改年号为大定，稳固了自己的统治地位，与南宋签订和约，维持了近半个世纪的和平。完颜雍对中原和华北地区采取怀柔政策，他废除了部分完颜亮制定的残暴命令，尽量鼓励老百姓返乡耕田，以此缓和尖锐的阶级矛盾和民族矛盾。他发布命令："在山为盗贼，下山为良民。"于是，起义的农民们动摇了，他们起义本就是因生计所迫，不满欺压所致。而今，朝廷不追究他们的责任了，还可以继续回家种地，岂不甚好？队伍逐渐动摇，人越来越少。少数义军首领也经不住金朝的威逼利诱，要么解散武装，要么就投敌叛变了。

作为北方义军中规模最大、实力最强的一支队伍，耿京义军是完颜雍等人首先要解决的目标。对此，耿京、辛弃疾十分清楚。从长远出发，辛弃疾劝耿京投奔南宋，以便使义军取得南宋朝廷的支持。耿京权衡再三，听从了辛弃疾的建议，和义军首领王世隆、张安国等人一同在章表上签字，并派起义军"二把手"贾瑞带着辛弃疾等向南而去。

千里奔袭　奉表南归

南宋绍兴三十二年（1162）年初，根据耿京的安排，贾瑞和辛弃疾带着义军将士们的满心期待和神圣使命南下归顺。他们出山东，经淮北、过长江，风尘仆仆、马不停蹄，最后到达建康。在建康城，贾瑞和辛弃疾不仅受到了王公大臣的欢迎，还被宋高宗赵构接见。义军"二把手"贾瑞和其他人初到江南重镇，人地两生，诚惶诚恐，又没见过大场面，不善言辞，唯唯诺诺，表现不佳。还好有个辛弃疾，他面不改色，不卑不亢，言行得体，把耿京和义军兄弟们对大宋的义胆忠心描述得明明白白，把他们归附朝廷的愿望表达得清清楚楚，还把北方地区的军事斗争情况和百姓生活情况如实汇报。宋高宗

《宋高宗坐像》　佚名

赵构听了汇报后非常高兴，正式将耿京自封官职"天平军节度使"予以赐封认可，授予贾瑞"敦武郎阁门祗侯"（大概级别为从八品）的官职，授予辛弃疾右承务郎兼天平节度掌书记（级别为从九品）的官职，同时任命了200多个官职。

辛弃疾此行可谓大获成功，他们马不停蹄地返回大本营，准备把这些来自朝廷的喜讯迅速报告给耿京。半路到达海州（今江苏东海）时，他们得到了惊天噩耗——耿京被杀了！原来，起义军的另一首领张安国经不住金人的利益诱惑，投降了金军。叛变之时，张安国还残忍杀害了耿京，作为加入金人阵营的"见面礼"。可惜，20万人马的起义军没有了主心骨，大部分溃散，剩下的便被张安国等人带着投降了金朝。很快，金人兑现了对张安国的许诺，封他为济州知州，地点在今天山东巨野。

本已明朗的形势急转直下，山东已没有了立足之地，到江南又如何向大宋天子交代？辛弃疾恨得咬牙切齿，发誓一定要把叛徒张安国抓住，替耿京和义军兄弟们报仇。他联合当地的义军将领李保、王世隆等人，集结了50余人的队伍，马不停蹄地直

《出使北疆图》 杨邦基

接向济州府奔去。此时的济州城内有5万余兵马，以卵击石不可取，只有智取。辛弃疾等人到达济州府后，用计策进城与张安国见面。张安国正在酒席上吃肉喝酒，突然间辛弃疾闯进来要会面。他摸不清状况，出来和辛弃疾见面。辛弃疾怒气冲天，没等张安国来得及反应就和王世隆等人抓住张安国，用绳子把他捆在马上，穿过重重包围，向城外奔去。他机智地喊道："大宋王师十万大军即刻便到！"济州驻军本来意志就不是很坚定，听说南宋的10万大军要来了，一下子都愣住了。驻军中有很多是耿京义军的旧班底，见到辛弃疾来了当场便投奔了辛弃疾。

"壮岁旌旗拥万夫。"辛弃疾一夜间就发展了上万兵马。他和王世隆等人便押着张安国，带着上万人，踏过平原，冒着浓雾，一路向南，星夜兼程，渡过淮河。叛徒张安国在建康被斩首示众。宋高宗又一次面见了辛弃疾等人，在听闻辛弃疾等人以少胜多、在敌军营中抓获叛徒的全过程后，连声赞叹。洪迈在《稼轩记》中描写了这个场景："壮声英概，懦士为之兴起，圣天子一见三叹息"。

多年后，辛弃疾回忆起自己年轻时候统领千军万马，于金营中智取叛徒的事迹，依然心潮澎湃。

有客慨然谈功名，因追忆少年时事，戏作。

壮岁旌旗拥万夫，锦襜突骑渡江初。

燕兵夜娖银胡䩮，汉箭朝飞金仆姑。

追往事，叹今吾，春风不染白髭须。

却将万字平戎策。换得东家种树书。

——南宋　辛弃疾《鹧鸪天·壮岁旌旗拥万夫》

《美芹十论》《九议》 献计北伐

公元 1163 年，宋孝宗赵昚改年号为隆兴元年。隆兴即为兴盛，可见新任皇帝改变守旧偏安的急切心情。带着新任皇帝的踌躇满志和热切期望，南宋军队终于开始北伐了。

在金军准备不足的情况下，南宋军队克灵璧，平宿州，军威大振，一扫几十年之阴霾。只可惜，由于内部不团结等原因，南宋军队在河南、山东、安徽一带的符离（今安徽宿州）遭遇大败。金军缓过神来开始反击，南宋士兵军心动摇，不战自溃，疯狂南逃，伤亡惨重。南宋将领张浚只好带部队退守扬州，北伐宣告失败。

北伐失败后，张浚等主战派被贬官，主和派再次占据上风。宋孝宗赵昚受打击巨大，本想即位后一洗多年耻辱，没想到却是回到原点。年底，不甘心失败的赵昚还是派出人员到金朝和谈，并签订和约，史称"隆兴和议"。轰轰烈烈的隆兴北伐变成了丧权辱国的隆兴和议。在政治上，南宋低于金朝。在经济上，南宋依旧要给金朝上贡，岁币数额为银 20 万两、绢 20 万匹。在国土面积上，南宋要割让海州、泗州、唐州、邓州等地给金朝。另外，两国边界也以条约的方式固定下来，东起淮河、西到大散关成为之后两国长期的国界线。

辛弃疾也一下子从高峰坠入低谷。他曾欢呼于王师北上，希望能在战场为国效力。但自己还没出场，战争就以南宋的惨败结束了。他郁闷不已，又一年过去了。庭院寂静，花草无力，一场风雨，一片狼藉。个人怨、家国愁，更与何人说？

辛弃疾失望、难过，但没有消沉。他结合自己在江阴任上的思考，认真总结北伐战争失败的原因，详细分析了南宋和金朝的对峙形势，提出了军事斗争的策略，写下十篇文章，被称为《美芹十论》。这是一部研究价值极高的军事著作。《美芹十论》分十个篇章，分别是审势、察情、观衅、自治、守淮、屯田、致勇、防微、久任和详战，共17000余字，于南宋乾道元年（1165）进献给宋孝宗。

在《美芹十论》的前三篇文章中，辛弃疾详细分析了北方敌人的长处和短处。他指出，金朝看起来疆域辽阔、物产丰盛、兵多将广，但实际上有三个问题：疆域虽辽阔却容易分裂；物产虽丰盛却不能持久稳定；军事虽强大却容易内讧。

在《美芹十论》的后七篇中，辛弃疾就南宋朝廷如何统一思想认识、增强自身实力、加紧作战准备、完成北伐大业等，提出了建议并作出了具体谋划。

他认为必须要改变思维定式，破除"南北有定势，吴楚之脆弱不足以争衡中原"的固有观点，树立信心、鼓足勇气；应先做迁都金陵（今江苏南京）的准备，并且不承认不平等条约，"作三军之气""破敌人之心"，造成一种积极进取的态势。

他建议把自北方"归正"的老百姓安置在宋金交界的两淮地区，登记造册，整编为保，分给每户人家土地、房子、生产工具、粮食和牲畜等。和平时是以农为本的农民，战事一起便是到前线打仗的兵士。

辛弃疾指出，朝廷必须要重视军队和武将，一味地重文轻武只会带来战败的恶果。要在军事上克敌制胜，必须避免"行阵无死命之士""边陲无死事之将"，培养英勇的将士，而不是临阵脱逃的懦夫。

他主张最好的防守就是进攻，要主动出兵，而不要"坐而待人之攻也"，同时要把交战区域设置在金朝地界，不要在本国开战。当然，主动进攻不是战略冒进，应坚决避免狂妄态度。

他认为，出兵北伐要以处于重要战略地位的山东为突破口，此地"其形易，其势重"，距离金朝都城燕京很近，民风比较彪悍勇猛，金朝在山东的统治也有薄弱环节。山东攻克，河北便会望风而降，进而金朝首都燕京就岌岌可危了。

《美芹十论》逻辑严谨、论证严密、气势恢宏、磅礴有力，是一部不可多得的军事著作。时年，辛弃疾 26 岁。可是，折子递上去后，却石沉大海，甚至连宋孝宗有没有看到都不得而知。

在建康还没有待满 3 年，南宋乾道六年（1170），因被人推荐，辛弃疾接到了让他赴临安的诏令，宋孝宗想要见辛弃疾。

激动人心的机会终于来了，辛弃疾在内侍的带领下来到了延和殿。为了抓住这次难得的机遇，辛弃疾精心准备，反复练习自己想要对皇上说的话，甚至连说话的语气、速度都认真揣摩演练。有时候，准备得太充分了，结果反而不尽如人意。在延和殿上，辛弃疾只顾阐述自己压抑多年的想法，竟全然忘记了顾及皇上的态度。他激动地谈论起了南北形势及三国、魏晋、南北朝时期的人物，说话耿直，没有考虑到宋孝宗愿不愿意听。宋孝宗有点不高兴了，加上他国事繁忙，根本没时间听辛弃疾的长篇大论。他不痛不痒地说了几句安慰的话，就结束了这次召见。

宋孝宗和身边的大臣们觉得辛弃疾还是过于书生意气，不适合担任重要岗位，干脆留在京城搞搞研究，做个文官。于是，辛弃疾就到了首都，在并不是很核心的司农寺做了个从七品的主簿。在宋代，司农寺类似于现在的粮食物资储备局，负责粮食存储、仓库管理及各等官吏禄米发放等事务。而主簿只是一个主管文件典籍的低级官员，论岗位重要性，可能连建康通判都不如。

上任后辛弃疾也没有闲着，他决心以上书的形式再次表明自己的政治见解。这一次，他吸取了上次《美芹十论》石沉大海的教训，把目标瞄准了宰相虞允文。虞允文，字彬父，乃名门之后，是唐朝大书法家、文学家、政治家虞世南的后代。在金主完颜亮南侵时，虞允文在采石大败金朝部队，逼得

《美芹十论》　辛弃疾

　　金军撤退，成了南宋军事将领的杰出代表。他做事

务实、敢于担当，是南宋主战派的旗帜性人物。

　　辛弃疾对虞允文期望很高，详细向他陈述了北

定中原的"九项建议"，即《九议》。相比《美芹

十论》而言，《九议》更加成熟完善，体现在文章的论点更集中、论述更详细、分析更透彻、操作性更强。这九篇文章逐篇讲了任务、方法和保障，条理性、逻辑性也更强。比如，前三篇文章指明了南宋要北上伐金所面临的战略任务，中间三篇文章分析了应采用的战术方法，最后三篇文章则对南宋的保障措施给予了建设性意见。

在《九议》中，辛弃疾谈到，北上伐金是南宋长期而重要的战略，应当要有持久战、攻坚战的思想准备，不能一味贪求速战速胜，要分清轻重缓急，孰先孰后，能够容忍失败。他建议，应当尽量利用金朝的弱点而扩大其内部的矛盾，可以使用间谍或反间计。他主张，要节约不必要的开支、减轻民众负担，谋求国家的财力可以供应旷日持久的战争费用。他提醒道，北伐是国家、民族的一项巨大工程，不是某个人的私人事件，不能因为私人利益而损害统一大业。在文章中，他还坚持在《美芹十论》中出兵山东的建议。

然而，或许是宰相虞允文太忙了，或许是其他的原因，一个从七品官员一本正经地论证并没有引起虞允文足够的重视。对于辛弃疾在文章中所提出的建议或意见，虞允文没有作出明确回复。

尽管煞费苦心而作的《九议》没有得到答复，辛弃疾仍然没有灰心。在相对比较空闲的时间里，他又为朝廷接连写下《论阻江为险须藉两淮疏》和《议练民兵守淮疏》，指明淮河流域防守的重要性，但依然没有受到注意。

灭山中贼　平茶商军

中国是茶的原产地。到唐代，茶叶广泛普及，饮茶已经成为老百姓的生活习惯之一。湖北人陆羽写下中国乃至世界上最早、最全面介绍茶叶的著作《茶经》，他被称为"茶圣"。农民们广泛种植茶

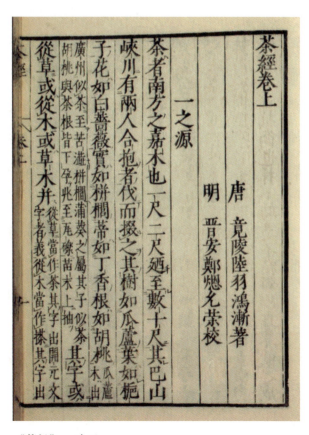

《茶经》　陆羽

树，商人们热衷于销售茶叶，形成了庞大的茶产业。唐代政府盯上了这块肥肉，创造出一种新税源——茶税，向茶农、茶商收取。到了宋代，政府更是不断增多茶税种类，增加数量，茶税成为政府财政收入的重要组成部分。

茶叶税率一天天提高，茶农、茶商的负担一天天加重。为了赚取更多利润，贩运私茶的行业应运而生。这些人低价收集茶叶、低价贩卖茶叶，导致政府收入大为降低。南宋淳熙二年（1175），也是辛弃疾到临安后的第二年。贩卖私茶的头目赖文政在湖北带领 400 多名茶贩子组建茶商军闹事，他们转战湖南、江西等地，接连打败了驻守的南宋官兵，队伍也越来越壮大。

赖文政带领的茶商军闹事之后，南宋朝廷派出一批又一批的官员前往"文攻"（招安）或者"武斗"（围剿），但都没什么效果。朝廷不得已下诏书，承诺如果能捕杀贼军首领，就可以根据功劳大小来立功受奖，希望能够通过重重赏赐，迅速打击茶商军。但结果却是朝廷一败再败，茶商军愈战愈勇，规模越来越大。

朝廷派隆兴府知府兼江西安抚使汪大猷前往讨伐未果，汪被降职。朝廷又派明州观察使兼江南西路兵马总管贾和仲讨伐，贾和仲因为轻敌冒进也被打败，被朝廷除名，并被发配至贺州（今广西贺州）。无奈，朝廷任命方师尹为新江南西路提刑，主要职责就是剿灭茶商军。但方师尹也不敢接这"烫手山芋"，故意称病，拖着时间不肯前往湘赣地区就任。一时间，剿灭茶商军这个工作任务成了"苦差事"，没有人愿意去。

一心想做出一番事业的宋孝宗非常愤怒，北方强悍的金朝部队打不过也就算了，堂堂大宋王朝，连小小的山贼都不能剿灭吗？宋孝宗赵昚想到了宰相叶衡推荐过的辛弃疾。辛弃疾在滁州干得不错，况且他在山东就曾率领过部队，懂兵法知军事，应该是个不错的人选。想到此，宋孝宗赵昚马上任辛弃疾为江南西路提点刑狱，让他担任"救火队长"，节制江西各路兵马，专门负责剿灭"茶商军"。

同年七月，在临安还没有待够的辛弃疾正式前往江西赴任。

辛弃疾的一大优点是他总能从纷繁复杂的事务

中找到关键着力点，提纲挈领，抓住主要矛盾，很漂亮地就把看似繁重艰辛的任务完成了。他是武将，但更多的是用脑子带兵。到了江西赣州，辛弃疾也没有着急马上进攻茶商军。他先是单独与赣州当地官民交流，掌握真实可靠的信息资料，而后，召集文武官员开会，一起研究剿灭之策。经过这些前期工作，辛弃疾基本摸清了茶商军的底细，也找准了官兵吃败仗的原因，剿灭茶商军的战略战术渐渐明朗了起来。

他采取精兵策略，裁撤遣返年老体弱的，留下年轻精壮的。他依托当地人，在湖南、江西等地招募熟悉当地地形的年轻人，然后将这些"本土派"分配到不同队伍中去，确保每个队伍都能够熟悉地形。经过若干天的部署，辛弃疾把部队驻守在各个关隘卡口，用当地乡勇组成的精锐小部队攻入大山深处，每逢茶商军路过或转移阵地时，辛弃疾的部队都要给予追击或截击。

茶商军原本以为，官府又派了一支没用的部队来。他们还是打算利用山谷地形周旋往返，没想到这次官兵打法和以前完全不一样了，茶商军以前赖

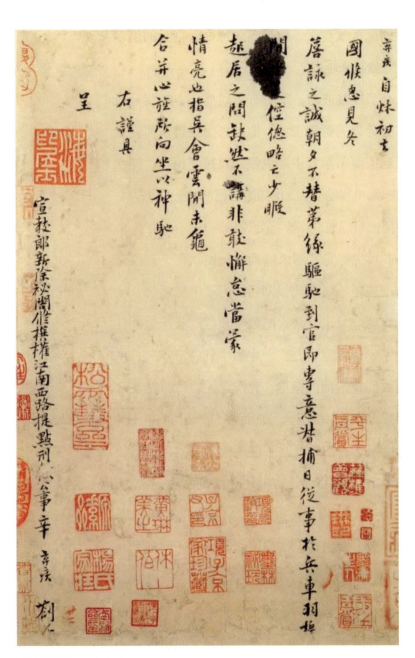

《去国帖》　辛弃疾

以获胜的优势没有了，相反还经常处于官兵的追杀之中，力量越来越弱。

茶商军日益被动，军心有所动摇。辛弃疾趁机开始了有计划的诱降工作。他派兴国县尉黄倬充当说客，到茶商军军营中劝说赖文政接受招安。赖文政自知国家机器的强大，也知道自己所处形势恶劣、前途渺茫，只好前往辛弃疾处投降。

自古兵将都有"不杀降兵"一说。可辛弃疾违反了这个规矩。赖文政投降后，为了消除后患，辛弃疾没有信守承诺，派人把赖文政拉到长江边的江州杀掉了。这成为辛弃疾一生当中的"污点"，也成为政敌们攻击他的把柄。"群龙无首"，赖文政曾经带领的茶商军队伍也一哄而散。

困扰朝廷的茶商军终于被剿灭了。消息传到临安，宋孝宗非常高兴，大加赞赏。按理说，辛弃疾功劳很大，应当予以提拔重用，以显示朝廷赏罚分明。结果却让人大跌眼镜，辛弃疾职务没有任何变动，只是加了个"秘阁修撰"的象征性待遇。

虽未提拔，但至少还是完成了任务。辛弃疾这次到江西任职算是顺利。江西此地文化底蕴厚重，民风淳朴，适合居住养老。赣州一地，正处于赣江上游，为章江、贡江合流之处，在赣州城下，赣水缓缓北去，投奔长江，汇入大海。岁月不居，时节如流，这不正暗含了辛弃疾北归故里的愿望吗？

在赣水乘舟经过万安县的造口时，辛弃疾想到了南宋初年发生在赣州、吉安等地的故事。南宋初年，金兀术大举南犯，宋高宗婶母隆祐太后逃难到吉州（今江西吉安），在万安造口弃舟登陆，再逃到赣州。位高权重的太后尚且如此狼狈，普通老百姓更不用提。

赣州贺兰山顶郁孤台

　　他站在船头，遥望赣州城的郁孤台，想到了金灭北宋的惨状，人们只看到权贵阶层的仓皇出逃，谁又想到普通老百姓遭遇了多少苦难呢？小小的茶商军已经足够让朝廷烦恼，可是再深层次想一想，他们为什么反叛呢？他们本也是穷苦农民，只不过是为了多赚点饭钱，让家人吃饱饭。如果不是沉重的赋税和贫困的生活，谁又愿意去反叛呢？想到这些，辛弃疾挥笔写下：

　　郁孤台下清江水，中间多少行人泪。

　　西北望长安，可怜无数山。

　　青山遮不住，毕竟东流去。

　　江晚正愁余，山深闻鹧鸪。

　　——南宋　辛弃疾《菩萨蛮·书江西造口壁》

　　西北的长安城，曾经强大的秦汉王朝、隋唐王朝的都城长安城，早已经落入金人之手，故土沦丧、家国之痛。这脚下奔腾向北的赣江水啊，层峦叠嶂的青山怎么会挡住他勇往直前的道路，国家统一大业尽管道路曲折，一定能够实现。

　　算起来，辛弃疾担任江西提点刑狱的时间只有一年多。在鹧鸪声中，辛弃疾沿着赣江北上，一路北望故土，一路马不停蹄地前往新的目的地。他完成了平定茶商军的历史使命，又被朝廷任命了新的职务——京西转运判官。

整顿湖南　创建虎军

南宋淳熙五年（1178）下半年，辛弃疾从大理少卿调任荆湖北路转运副使，之后不久又转任荆湖南路转运副使。

转运使，也称漕臣，在南宋的职责是掌管一路的财赋，并担负着官员考察、社会治安、清点刑狱等方面的职责。

南宋时期，湘西的山区还生活着为数较多的少数民族，当地经济基础较为薄弱，社会矛盾较为突出。贪官污吏的骚扰、地主豪强的压榨、奸商劣绅的敲诈，让湖南老百姓不堪重负。自宋孝宗改元乾道以来，湖南地区陆续爆发了五次以上规模较大的"反抗运动"。总体而言，当时湖南的从政环境更要恶劣一些。

可能转运副使的工作相对清闲，辛弃疾又有时间开展调查研究了。他深入基层，微服私访，获取了大量真实可靠的资料和信息。他上书直言，痛陈时弊，写下《论盗贼札子》，让人以最快的速度送到朝廷。

在这篇奏折中，他先是指出了湖南盗贼之多以及朝廷剿匪不力的乱象，比如，朝廷严禁多收租粮，湖南官府却一年收取几年的粮食；朝廷严禁地方折现粮食收税，湖南官府却把租粮折成现金收钱；更为严重的是，贪官污吏还明目张胆地反复征税。辛弃疾从历史和现实的角度详细分析了湖南盗贼众多的原因，并给出了整顿吏治和抚恤百姓的对策建议。

和《美芹十论》《九议》石沉大海的命运不同，这次的札子在几个月后，获得了最高统治者宋孝宗赵昚的重要批示。宋孝宗赵昚被奏折中描述的严峻形势所震撼，吏治之腐败、贼寇之祸害、百姓之艰辛，想不到湖南的形势是如此危急。

南宋淳熙六年（1179）秋季，宋孝宗赵昚下旨，辛弃疾由荆湖南路转运副使改任潭州知州，由他来收拾这个"烂摊子"。

因为之前有过滁州、江陵、隆兴府等地的工作经验，辛弃疾在这个位置上算是轻车熟路，短短时间就干出了几件大事。

第一件事情是解决湖南的饥荒问题。当时的湖南，由于连年自然灾害，粮食歉收，百姓吃饭都成问题。辛弃疾明白，开仓赈灾可临时应急，但不是长久之计。他发动潭州大小官吏到灾民集中的地方

《春耕草堂图》　禹之鼎

宣传，让灾民们参与基础设施建设。授人以鱼不如授人以渔，与其量入为出地开仓放粮，不如让灾民以工代赈，修建水利设施，然后按照劳动工时发放酬劳。这样开仓赈灾等临时性措施和以赈代工、兴修水利等长远举措相结合，一方面解决了灾民就业和吃饭的问题，防止他们聚众作乱；另一方面，对于恢复和发展农业，增强地方的粮食生产能力大有裨益。

　　第二件事情是整顿湖南的乡社组织。当时，私人建立武装在湖南很是流行，不少大户人家都通过高薪聘请壮汉组成"乡社"或"弹压社"，以保卫自身利益，反抗土匪和农民军的骚扰。在兵荒马乱时，私人武装确实能够起到维护社会稳定的作用，但当无战事之时，私人武装又非常容易脱离管制，欺压百姓，对社会秩序起到了破坏作用。辛弃疾认真辨析，区别对待，对于遵纪守法的乡社仍旧予以保留，当然规模要压缩，对于为非作歹的乡社则坚决予以取缔。保留的乡社隶属于各县管理，直接听从于各县县令统率管辖。以这样的办法整顿乡社后，湖南社会治安大为改善。

第三件大事也是最为重要的是创建飞虎军。在整顿乡社组织之后，辛弃疾进行了深刻的反思，湖南的乡社组织之所以如此发达，甚至达到了危害政权的程度，一个重要原因是官方的保护力量远远不够，各地只好自己组织武装力量以求自保。辛弃疾发现当地的部队偷奸耍滑，饱食终日，剿匪时没有一点战斗力，在城里做起生意来却风生水起，仿佛陶朱公再世。部队不强，不仅仅存在地方治安问题，万一金军南下更是难以应对。

想到这些，武将出身的辛弃疾上书朝廷，希望朝廷能够允许湖南像广东摧锋军、荆南神劲军一样，也组建一支自己的军队。这支湖南的地方军直属于朝廷，归枢密院管理，平时则由湖南当地管理。朝廷批准了辛弃疾的奏折，当然也附加了严格条件。核心条件就是这支部队组建所需要的费用由湖南当地自己筹措，朝廷只负责建成后的军饷和兵甲。

组建军队的费用开支巨大，熟稔军事的辛弃疾知道，单靠湖南是不可能筹措如此巨额经费的。但辛弃疾天生就是解决急事难事的人才。

没有驻军地方怎么办？他找到了旧军营做兵营和校场，稍加修缮后就投入使用，省下来了一大笔开支。他以湖南安抚使的名义开始募兵工作，十来天的时间，士兵就已经招满了。

成非凡之事，必用非凡举措。建营地之时，正值雨季，砖瓦材料无法烧造。辛弃疾果断下令，以一片瓦五文钱的价格，向潭州城的老百姓购买，并命令每户人家至少要送两片，两天内送到营地。建营房需要的石料不够，辛弃疾就调动监狱的犯人到山里开采，按照供送石料的多少来减免刑罚。

枪炮一响，黄金万两。如此巨额的军费从哪里出呢？辛弃疾想了个办法，他把当地的酒水买卖改为官府专卖，为军队组建筹集了大量资金。

应当说，辛弃疾为了组建军队，采取了不少违规的做法。这些做法的确有效，却给政敌们罗列罪名制造了机会。比如，他们弹劾说，辛弃疾采取官府专营酒品的做法，是借组建新军聚敛钱财；让犯人用劳作来减刑或赦免的做法，超越了地方官的权限。宋孝宗赵眘听取弹劾后愤怒不已，立即下达"御前金字牌"，要求辛弃疾立刻停止违规行为。

组建军队是辛弃疾的梦想，他不想半途而废。冒着丢官帽和丢脑袋的风险，辛弃疾把皇帝的"金字牌"藏起来，严密封锁消息，同时加快工程进展速度，用1个月左右的时间就完成了军营的建造工作。事后，他自己向朝廷写下请罪书，并将湖南酒水专营的收入和组建部队的支出款项清清楚楚登记造册，奏请朝廷明察。宋孝宗见事已至此，也就放下疑虑，不再追究，批准了湖南军队的创建。

看着这支新组建的部队，辛弃疾如同对待自己的孩子一般爱惜。他把这支队伍起名为"飞虎军"，希望这支军队能像会飞的老虎一样，守卫湖南，维护稳定，抵抗外敌。飞虎军建成后，一直以骁勇善战著称，不但湖南一省治安得到保障，而且成了朝廷可以倚仗的重要国防力量。在以后30多年的时间里，飞虎军一直在长江沿岸发挥作用，为金人所忌惮，被称为"虎儿军"。在组建军队这件事情上，辛弃疾展现了远见卓识、大胆谋略和铁血手腕，展现了建军、练兵、治军的卓越才能。

济南辛弃疾故居内辛弃疾雕像

03

政绩卓著的治世能吏

滁州任上　再复繁华

接连的上书献策虽然石沉大海，但皇帝和虞允文等朝廷重臣们还是看到了辛弃疾的志向和才华。正好宋金交界的滁州没人愿意去，干脆就派辛弃疾去试一下。南宋乾道八年（1172），在闲职司农寺主簿的任上待了两年后，辛弃疾接到了朝廷派他到滁州担任知州的命令。

滁州地处江淮地区，犹如在宋金交界地带投入的一枚棋子，决定着江淮地区的安稳和"宋金和战"的大局。唐代时，滁州是位于建康西北的名城，这里扼守江淮，是南北交通要道，商贾云集。但到南宋时，滁州为宋金两国交战区域，战争风险指数很高。但凡有点关系、有点背景的官员，都不会到这个是非之地当官。

想建功立业的辛弃疾，答应了这一次外放的任命。知州毕竟是一方主官，而且职位相当于现在地级市的市长（正厅级），比签判、通判都高多了。他把家人安顿好，激动地背诵着北宋欧阳修的《醉翁亭记》出发了。

多么美好的滁州城啊，环滁皆山，林壑尤美，泉水汩汩，水声潺潺，美不胜收，引得欧阳修陶醉于山水美景之中，陶醉于美酒美食之中。可当辛弃疾踏上滁州大地，眼前的景象却是另外一番。土地荒芜，人烟稀少，一派凋敝景象。滁州城中，几乎没有高层建筑，酒楼、茶馆少之又少。城里老百姓没有住的地方，都在废墟前搭建些茅草屋临时居住，灾民和乞丐到处都是，当年的醉翁亭也倒塌一半，破败不堪，一片荒凉。这还是那个《醉翁亭记》中的滁州吗？

为了找到滁州衰败的症结，采取针对性措施重塑滁州辉煌，辛弃疾做了细致而认真的调查分析。原来，宋金南北连年交战，作为交战地区的滁州，战火连连，商业衰败，人口流失，外地商人也不敢来做生意。然而，朝廷规定的税收却没有降低，加上连续两年的水旱灾害，老百姓生活更加艰难。辛弃疾明白，经济上的衰败，会导致军事上的空虚，一旦南北再次开战，滁州肯定会成为南宋防线最脆弱的环节。

为了振兴滁州，雷厉风行的辛弃疾采取了四大措施。

第一大措施：免除百姓巨额赋税。他上书朝廷，以滁州作为边境和前线重要战略位置，为国家做出重大牺

醉翁亭記

環滁皆山也。其西南諸峰，林壑尤美，望之蔚然而深秀者，琅琊也。山行六七里，漸聞水聲潺潺而瀉出於兩峰之間者，釀泉也。峰回路轉，有亭翼然臨於泉上者，醉翁亭也。作亭者誰？山之僧智仙也。名之者誰？太守自謂也。太守與客來飲於此，飲少輒醉，而年又最高，故自號曰醉翁也。醉翁之意不在酒，在乎山水之間也。山水之樂，得之心而寓之酒也。

若夫日出而林霏開，雲歸而巖穴暝，晦明變化者，山間之朝暮也。野芳發而幽香，佳木秀而繁陰，風霜高潔，水落而石出者，山間之四時也。朝而往，暮而歸，四時之景不同，而樂亦無窮也。

至於負者歌於途，行者休於樹，前者呼，後者應，傴僂提攜，往來而不絕者，滁人遊也。臨溪而漁，溪深而魚肥，釀泉為酒，泉香而酒洌，山肴野蔌，雜然而前陳者，太守宴也。宴酣之樂，非絲非竹，射者中，弈者勝，觥籌交錯，起坐而喧嘩者，眾賓歡也。蒼顏白髮，頹然乎其間者，太守醉也。

已而夕陽在山，人影散亂，太守歸而賓客從也。樹林陰翳，鳴聲上下，遊人去而禽鳥樂也。然而禽鳥知山林之樂，而不知人之樂；人知從太守遊而樂，而不知太守之樂其樂也。醉能同其樂，醒能述以文者，太守也。太守謂誰？廬陵歐陽修也。

余於梅韻堂展玩右軍黃庭經初刻，見其筋骨肉三者俱備，後人得其一二即自負，況今世人不能得其彷彿耶。余不能至，況今之梅韻齋中，展玩逾時，倦則臥，再日顆然，如飛天仙人，又如臨波仙子，雄峻再日顆然，如是數月，而右軍運筆之法，炙然如見。其愈出味之愈永，籤中讀而心慕之，若心摹閒往至寢食，遂以文章名冠天下，予頗有動于中，而倣右軍作小楷數百餘字，聊以寄意，敢云如原鳳臺之於黃鶴樓也肖。

嘉靖三十年辛亥七月二十四日長洲文徵明書於玉磬山房時年八十有二

《醉翁亭記》 文徵明

牲为理由，请求减免历年来滁州欠朝廷的赋税。这一次，朝廷很快同意了他的请求。大概测算一下，这次为滁州百姓免除的赋税高达5800贯（580万文），使得滁州能够卸下负担，轻装上阵。

第二大措施：减税招商引资。单纯靠滁州本地的商业是很难恢复经济的，这样就需要积极地招进外来的商业。辛弃疾制定规定，只要从滁州过往的商人，不管是否在滁州经商，都只收取原来税赋的30％。这样有力的减免措施，在附近哪座城市都没有。一时间，滁州商人云集，人气旺盛，逐渐形成了几个大的商业中心，酒楼、茶馆、旅店不断聚集，滁州一下子繁荣起来了。

第三大措施：恢复城市商业建设。为了吸引、留住外地商人，辛弃疾修建了一系列商业场所。他调动城中民工，建起了酒店、茶楼等商业娱乐场所，恢复了交易市场。为了展示雄心壮志，他还亲自给城中最大的商业中心取名"繁雄馆"。

第四大措施：官府强有力的调控。辛弃疾借鉴北宋王安石变法的做法，并将这种做法的精髓实质运用娴熟。对于老百姓居无定所的住房问题，辛弃疾用了发放"房贷"的办法，将官府资金借贷给老百姓，让老百姓拿着钱盖房子，盖完房子后再还钱。恰好，辛弃疾到滁州的那一年，风调雨顺，农作物迎来了丰收季节，农民们获得了资金，大都偿还了官府的贷款。百姓住房问题得以解决，官府财力也更加充实了。

仅仅一年的时间，在辛弃疾的大力治理之下，滁州重新焕发了生机和活力。在滁州经济社会发展走上正轨之后，辛弃疾加强了滁州地区的军事力量和军事准备。他组建了一支熟悉当地情况、具有一定战斗力的6000余人的民兵队伍，配备了武器装备，充实了武器库，还储备了粮食、草料等。

经济不断繁荣，形势愈加平稳，辛弃疾盖起了滁州第一高楼。他从外地请来了高级设计师和高级建造师，设计建造了这座高楼，供滁州百姓商人登高赏景之用。这座建筑又集娱乐、餐饮、住宿、游览为一体，堪称1000年前的"滁州商业综合体"。辛弃疾亲自为这个滁州标志性建筑挥笔书写牌匾，取名为"奠枕楼"。眼看着这座城市渐渐繁华，正如看着自己的孩子慢慢长大一样，辛弃疾内心激动不已，挥笔表达在滁州任上的成就感。

征埃成阵，行客相逢，都道幻出层楼。指点檐
牙高处，浪拥云浮。今年太平万里，罢长淮、千骑
临秋。凭栏望，有东南佳气，西北神州。

千古怀嵩人去，还笑我，身在楚尾吴头。看取
弓刀，陌上车马如流。从今赏心乐事，剩安排、酒
令诗筹。华胥梦，愿年年、人似旧游。

——南宋　辛弃疾《声声慢·滁州旅次登楼作
和李清宇韵》

人们到了这里，都要赞叹它的雄伟壮观。你看，
滁州大地太平盛世，百业兴隆，这是在战乱之时的
吉祥之兆啊。这还远远不够，我们还要组建一支强
大的军队，待一声令下，收复神州大地。

奠枕楼是一个标志，是"废墟滁州"在一年时
间内变为"繁华滁州"的标志。文人墨客纷纷留下
文章，记录自己眼中的奠枕楼。比较出名的是平江
府府学教授崔敦礼写的《代严子文滁州奠枕楼记》，
后来此文收录在《四库全书》中。

宦海交际　幸遇伯乐

隆兴北伐，草草收场。南宋渐渐又回归了安逸享受的生活。原配夫人赵氏去世，江阴军签判的期限已满，辛弃疾这个随风而飘、没有扎根的"归正人"在江南一带辗转，又过起了无所事事、寂寞惆怅的岁月。

"归正人"，是宋代特有的词汇，指从北方沦陷区返回宋朝的人。在辛弃疾身边，和他同为"归正人"的朋友有30多人。他们身居南国，一生北望，故乡已成异乡，异乡又毫无归属感。在备受歧视、内心抑郁之时，相似经历、相似境遇的"归正人"可以彼此安慰、互相鼓励、共同倾诉，互相寻找感情上的依托。

辛弃疾在下江南曾经寓居过的京口（今江苏镇江），找到了同是"归正人"的至交好友周孚，二人一起回忆往事，畅谈人生。周孚，字信道，同是山东济南人，他比辛弃疾大几岁，是辛弃疾南下之后一生的挚友。

在京口，辛弃疾还结识了一位同样自北方南下的"归正人"——范邦彦。在"归正人"圈子里，范邦彦是名人，他原籍河北邢台，是北宋末年的太学生。北宋灭亡之时，他因母亲年龄太大，家中牵绊太多，无法孤身南下，只好留在北方。之后，他参加金朝科举并在乡试考中举人。为了离南宋近一点，他竟然主动要求到战乱频发的宋金交界地带当官。金朝同意了他的请求，让他担任蔡州新息（今河南息县）的县令。金朝和南宋交战的时候，范邦彦和儿子范如山欢欣鼓舞，打开城门迎接南宋军队，并宣布归顺宋朝。随后，范氏家族举家南迁，寓居京口，南宋朝廷封范邦彦为镇江通判，相当于镇江府的二把手。

相似的经历，同样的志向，二人相见恨晚，迅速结为忘年之交。范邦彦女儿范如玉，自幼家教甚严，诗词歌赋，样样精通，只是时局动荡、家庭南迁，范如玉被耽误了婚姻大事。一次，辛弃疾去范府做客，碰巧与范如玉相见，两人年龄相当，互相爱慕。范邦彦内心欢喜，把宝贝女儿许配给了辛弃疾。终于，辛弃疾在京口又组建了家庭，在南方湿冷的冬天里，孤独的辛弃疾终于找到了自己的温暖和依靠。辛弃疾和范家人关系十分融洽，和岳父范邦彦、大舅子范如山既是亲戚又是好朋友。几十年后，辛弃疾在江西铅山居住时，又把女儿许配给了大舅哥的儿子范炎，"亲上加亲"。辛、范两家，同样南归，三世姻缘，传为佳话。

南宋乾道四年（1168），婚后不久的辛弃疾被任命为建康府通判。建康北依长江，为虎踞龙盘之地，东吴、东晋、刘宋、南齐、南梁、南陈都将其作为都城，是南宋对金作战的战略要地，也是无数南宋大臣的迁都可选之地。或许是朝中有人推荐了辛弃疾，或许是他的《美芹十论》发挥了作用，比起江阴军签判，这次的职位变动算是提拔重用了。

和辛弃疾同时在建康为官的有行宫留守史正志（字致道）、军马钱粮总领叶衡，此二人在朝中地位显赫，对辛弃疾在政治上的进步起了重要作用，堪称辛弃疾政治生涯的伯乐。此外，作为大城市，建康城里还有韩元吉、严焕、丘崈、赵彦端等比较有名的人。熟悉辛弃疾的人越来越多，他的朋友圈越来越大。

史正志是建康行宫留守，到建康后，他扩充水军，修造战船；重视教育，创建贡院；还修复了建康城墙，政绩斐然。在对待南北局面上，他也是主张出兵北伐，恢复中原。在一次史正志主持发起的宴会上，辛弃疾酒后灵感突发，作下一首《满江红·建康史帅致道席上赋》，既表扬史正志又抒发自己的真情实感。

在词中，辛弃疾称赞史正志像大鹏展翅一样的才华在南宋朝廷绝世孤立，"他年要补天西北"，总有一天要收复大宋王朝失去的西北故土；又称赞史正志能力卓著，在谈笑间就可以守住天堑长江，"谈笑护长江"，

南京赏心亭

守得国家安宁；还称赞史正志是"文章伯"，有着文坛领袖的才华，希望他能够得到进一步提拔重用。

在史正志即将调离时，辛弃疾有些伤感又心事重重。他来到建康的赏心亭，写下一首感伤离别的词作《念奴娇·登建康赏心亭呈史留守致道》送给史正志。既为老朋友赋词话别，又表达自己壮志未酬的无奈。

为官政绩好，并不见得能提拔重用。政绩卓著的辛弃疾并没有被朝廷重用。南宋淳熙元年（1174）春天，根据朝廷安排，辛弃疾离开了工作两年多的滁州，再次到达建康，在曾经的上级叶衡手下担任江东安抚司参议官，算是一个虚职。

此时，叶衡是建康行宫留守兼江东安抚使，岗位重要、大权在握且属于中央核心官员的预备人选。两人再次见面共事，叶衡自然十分高兴，他欣赏认可辛弃疾的才华。而辛弃疾也把叶衡视为伯乐，一直心存感激。

果然没过多久，叶衡被朝廷召唤到了临安并一路提拔重用。他先担任户部尚书（一说为户部侍郎），后又担任签书枢密院事（一说为枢密都承旨），最

《水亭诗思图》　文徵明

后升任参知政事、右丞相兼枢密使等职务，从实力派的地方大员成长为权倾一时的朝廷宰相。

好友一路提拔，辛弃疾且喜且惜。既为好友的高升感到高兴，又为自己在南京少了一位好朋友而难过。好消息不断传来，辛弃疾犹如自己被提拔一般高兴。一天，他再次登上赏心亭，为已经成为叶丞相的叶衡作词《菩萨蛮》一首。在这首《菩萨蛮·赏心亭为叶丞相赋》中，他表达了对叶丞相的崇拜钦佩之情，写苍茫群山都想和叶衡交谈，"青山欲共高人语"；又表达出自己"一身都是愁"的无奈和征战疆场、指挥千军万马的渴望。关键时候，他多希望位高权重的老朋友能拉自己一下。

"伯乐"叶衡当然读得懂辛弃疾写词的深意，二人关系原本就十分密切，算是老感情了。叶衡提拔，必定不会忘记这个才华横溢的老朋友。

叶衡到临安（今浙江杭州）任职不久，就多次向皇帝推荐辛弃疾，理由之一就是辛弃疾"慷慨有大略"。在他的力荐之下，辛弃疾再次获得面圣机会，并被派到仓部担任郎官。仓部相当于国库，仓部郎官主要负责国库的供给、收入、物资储备等事务。

这个职位官阶虽然不高，但位置比较重要。作为京官，总是比地方同级别的官员晋升的机会更大一些。事实也是如此，辛弃疾在这个岗位上只工作了半年时间就转岗了。

临安自古便是东南形胜之地，定都之后，南宋朝廷用心经营，城市建设、人文景观、商业氛围都得到了质的飞跃。杭州西湖，游人如织，苏堤白堤，纵横南北。而城市南面的钱塘江，大潮壮观、举世闻名。"庐山烟雨浙江潮"，世间最美的风景在哪里？在北宋大文豪苏轼眼里，世间最美、最值得去欣赏的就是庐山的烟雨朦胧和钱塘江的大潮。到了临安，除了西湖外，辛弃疾自然要抓住欣赏钱塘江大潮的机会。

对于叶衡的大力推荐，辛弃疾心存感激。在观赏大潮后，辛弃疾写下观潮后的心得体会，并呈送给了"伯乐"叶衡。既展示了自己的才华，又汇报了自己的思想。

望飞来、半空鸥鹭，须臾动地鼙鼓。截江组练驱山去，鏖战未收貔虎。朝又暮。诮惯得、吴儿不怕蛟龙怒。风波平步。看红旆惊飞，跳鱼直上，蹙踏浪花舞。

《庐山高图》（局部） 沈周

凭谁问，万里长鲸吞吐，人间儿戏千弩。滔天力倦知何事，白马素车东去。堪恨处，人道是、属镂怨愤终千古。功名自误。谩教得陶朱，五湖西子，一舸弄烟雨。

——南宋　辛弃疾《摸鱼儿·观潮上叶丞相》

钱塘江水，潮起潮落，正如政坛上的起起伏伏一样。做寿的叶衡，正满面红光接受各界祝福。谁也不知，伴君如伴虎，一年之后，叶衡罢相，贬任建宁府知府。

《钱塘观潮图》　佚名

耿直为官　辗转楚地

南宋淳熙三年（1176）的秋冬之际，辛弃疾到湖北襄阳担任京西路转运判官。京西路，因在北宋都城开封以西而得名，南宋时管辖襄阳府、光化军及邓州、随州、金州、房州、均州、郢州、唐州等7个州，战略位置非常重要。转运判官掌管一路的钱财赋税，也是个非常重要的岗位。

工作了几个月的时间，辛弃疾刚刚熟悉情况，调令又来了。第二年春天，朝廷调辛弃疾担任江陵知府兼湖北安抚使。这也是个掌管一方军政大权的实权职位。

江陵距离襄阳不远，也在湖北境内，鱼米之乡，物产富饶，但治安较差，盗贼很多。辛弃疾到任后，对于偷盗行为，主张"治乱世用重典"，给予严厉打击。不久之后，江陵的社会治安环境明显得以好转。

江陵治安环境刚刚有起色，南宋淳熙四年（1177）的冬天，却发生了官兵殴打百姓的事情。原来，江陵统制率逢原手下士兵和老百姓因为发生矛盾而殴打百姓，接连打伤了数名老百姓。率逢原却不管不问，纵容手下的暴行。仗着在当地经营多年，面对刚刚上任的辛弃疾，他还振振有词地反驳，士兵打架，正是他们勇猛的表现，哪算什么错误？辛弃疾也是个暴脾气，在了解到事情的原委后，立刻把闹事的士兵抓起来，并关进监狱。

接着，辛弃疾将打人事件的前因后果奏报朝廷，请求朝廷从重处罚纵容下属欺压百姓的率逢原。没过多久，朝廷将事情调查清楚后，很快公布了处理结果，将率逢原降为副职，将辛弃疾调离湖北，调至江西南昌，任隆兴府知府兼江西安抚使。

本来是率逢原的错误，朝廷却觉得地方官和驻军不能处理好关系，把辛弃疾调走了。后面有人专门上奏章，替辛弃疾喊冤叫屈、打抱不平。朝廷的答复是：既然本地官员受到了应有处分，外地官员也不能一点不受影响，"各打五十大板"，这样平衡一下，才算公平合理。辛弃疾眼睛里见不得欺压百姓的龌龊之事，遇到问题、难题往往是雷霆手段，短时间效果明显，却容易有后遗症。这次也是如此，他完全可以采用更加温和的手段柔性处理此事，可直性子的他却直接将"丑事"捅到最高层，直接得罪了率逢原和他后面的"靠山"，也给了政敌一次打击报复的机会，还影响了宋孝宗赵昚对他的看法。

南宋淳熙四年（1177）冬，辛弃疾通过长江、鄱阳湖、赣江的水路来到了江西南昌。江西对辛弃疾来说是个福地。上次剿灭茶商军，功德圆满，辛弃疾顺利地获得了皇帝和朝廷的认可。这次，辛弃疾也希望能有好消息。

隆兴府（今江西南昌），是豫章故郡，为南方昌盛之地。它是吴楚交接之地，又有赣江黄金水道沟通南北，地理位置非常重要。宋孝宗赵昚对南昌还是很有感情的，在当皇帝之前他曾被封藩王于此地。皇恩浩荡，年号定为隆兴后，洪州又被赵昚升格为隆兴府，府治还是在南昌县。

"为官避事平生耻。"喜欢做事的辛弃疾到了江西后依然闲不住。江西南部的兴国军知军黄茂材只顾自己的官位，不顾当地连年水旱灾害的实际情况，向上邀功谎称连年粮食丰收。结果是黄茂材政绩卓著，老百姓饿死无数，苦不堪言。辛弃疾知道这个事情后，经过仔细调查，将实际情况写成奏折上报朝廷，请求严办黄茂材。朝廷核实清楚情况后，于南宋淳熙五年（1178）二月，将黄茂材免职并降

《浔阳送别图》 仇英

官两级。刚刚上任，犀利的辛弃疾就展现了"严吏"的一面，也为江西老百姓做了件大好事。

南宋偏安，江西的战略位置就凸显了出来，"襟三江而带五湖，控蛮荆而引瓯越。"赣东北的信州为全国各地通往首都临安的交通要地，景德镇成了全国制瓷业的中心，赣江水道逐步成为商贸、物资往来的重要通道。在赣江边的辛弃疾发现，江西等地的商人们经常将战马、耕牛、茶叶、食盐等战略物资贩卖给金朝。

辛弃疾认为，在两国战争不断的特殊时期，耕牛、战马都是重要的战备物资，如果流失到北方，对南宋的国防军事实力会有重大影响。因此，他上奏朝廷，申请下达禁令，禁止在宋金交界地带贩卖交易战马和耕牛。朝廷采纳了辛弃疾的建议，下令从当年六月开始，严禁战马、耕牛在宋金交界地带交易。

或许是觉得辛弃疾有大局观，善于从中央和全局的角度看问题，淳熙五年（1178）三月，朝廷又把在隆兴府任上才几个月的辛弃疾调到临安担任大理寺少卿。

大理寺少卿是京官，掌管着中央的司法和审判大权。这次升职，对辛弃疾而言，有种"皇恩浩荡""受宠若惊"的感觉。

春风得意的辛弃疾写下了《水调歌头·我饮不须劝》这首词来表达心情。在这篇词作中，他还附了一个序，意思是自己从湖北的江陵调到江西的隆兴府，紧接着又被任命为大理寺卿，好朋友司马监、赵卿、王漕等人设宴送别。

　　我饮不须劝，正怕酒尊空。别离亦复何恨？此别恨匆匆。头上貂蝉贵客，苑外麒麟高冢，人世竟谁雄？一笑出门去，千里落花风。

　　孙刘辈，能使我，不为公。余发种种如是，此事付渠侬。但觉平生湖海，除了醉吟风月，此外百无功。毫发皆帝力，更乞鉴湖东。

　　——南宋　辛弃疾《水调歌头·我饮不须劝》

在酒桌上，辛弃疾饮酒豪迈，"我饮不须劝，正怕酒尊空"，官场提拔，酒应当多喝点，多喝几次。辛弃疾是性情中人，这种酒宴上，大家都不用劝，自己都会喝多，就怕酒杯里没有酒。估计也就

《潇湘八景图卷之山市晴岚》 王洪

孙权和刘备这样的人物才有资格使唤我做事。可是，这些年闯荡江湖，除了吟诵出一些风花雪月外，一事无成。自己的所有都拜皇上所赐，真心希望在湖北的功绩能够得到皇上认可。

聚散匆匆，楚地的山山水水几乎走遍。在江西南昌刚刚安顿好，又要适应新的岗位了。临别前，他写下了《鹧鸪天》，与司马汉章（司马倬）等人不舍分别，回忆了两年时间里频繁调动和工作业绩。

豫章城的景色还是很不错的，城边上的东湖，湖水碧绿，荷叶连连。在湖边的酒肆里，辛弃疾和朋友们饮酒欢歌，忘掉离别之痛。明天就要坐船东去了，等夜光满船的时候，就是我辛弃疾在想念你们。

南宋淳熙五年（1178）的春天，辛弃疾刚刚到

任大理寺少卿。秋天，就被调走了，担任湖北转运副使。

在湖北转运副使的任上，辛弃疾也只待了不到 8 个月。次年三月，朝廷又下了诏令，令辛弃疾迅速到湖南担任转运副使。

离开湖北之时，湖北的同事王正之、周嗣武、赵善括在武昌的南楼设宴为辛弃疾送行。在荆湖之北和荆湖之南，武昌折柳，潇湘上任。辛弃疾在酒宴上写下《水调歌头·折尽武昌柳》一词，并附序言，既表达内心情感，又感谢周、王、赵三人的送别。

频繁的调动总是很少见的，但这"二年历遍楚山川"。辛弃疾在楚地接连换了 6 个岗位，平均半年一换。其实，他对如此频繁的调动是十分反感的，但却又无可奈何。"二年鱼鸟江上，笑我往来忙。"
从武昌，到潇湘，连江里游的鱼，天上飞的鸟，都
在取笑他，这两年瞎忙活啥呢？他回答说，也别问
我啥时候能够大富大贵、建功立业了，人到中年却
离别频频，让人感到遗憾、愤恨，看我因为憔悴，
两鬓的头发都已经白了。

豫章赈灾　救火队长

湖南的局面刚刚为之一新，辛弃疾还准备在此地大展宏图，施展一番抱负呢。南宋淳熙七年（1180）冬季，辛弃疾又接到了朝廷新的任命。朝廷再次让他到江西，还是担任曾经的职务——隆兴府知府兼江西安抚使，并给予了一个"右文殿修撰"的荣誉头衔。

辛弃疾面临的又是一个烂摊子。此时，包括豫章城在内的江西出现大范围的旱灾，农田没有收成，粮食奇缺，灾民流离失所，惨不忍睹。

辛弃疾到任后，还是像以前在湖北、湖南那样，先做深入的调查研究，把南昌城及周边的米店、粮店和官府存粮情况摸得清清楚楚。随即，他就下令在隆兴府及所属县乡张贴赈灾令，命令只有八个字：闭粜者配，强籴者斩。

囤积粮食的商家要将粮食卖出，否则就是囤积居奇，涉及人员要发配边疆或者充军。老百姓也不能强行到商家或者地主大户家里抢粮食，乱来就要被杀头。

《滕王阁序》　文徵明

这条法令看起来非常严酷苛刻，但"治乱世用重典"，简简单单的八个字就成为赈灾维稳的最重要措施，有效地刹住了部分商家趁乱宰割老百姓的行为，迅速稳定了因灾而乱的社会局面。

乱局初步稳定后，辛弃疾又将官府的官钱借给南昌善于经营的"能人"，让他们外出去寻找粮食，限期1个月之内回到隆兴府。"能人"们回来后，把买来的粮食再平价卖给老百姓，政府只要求偿还本金，不收取利息。果然，不出1个月，"能人"们将大批粮食带回南昌，隆兴府的粮食价格回落到合理区间，灾情随之化解。

滕王阁，江南三大名楼之首，豫章城最著名的标志性建筑。最初由唐高祖第22子滕王李元婴修建。

恰逢谷雨时节，灾情稍有缓解。辛弃疾走出州府衙门，来到赣江边的滕王阁宴请宾客。在与文人雅士、巨贾名流的觥筹交错中，辛弃疾感慨万千，写下一首《贺新郎·赋滕王阁》，成就了他和豫章城的第二次缘分。

时光仿佛回到了500年前的初唐盛世，省亲路过豫章城的王勃，登楼参加宴请。他文思泉涌，挥笔而就，写下《滕王阁序》，震惊了四座，震惊了唐朝。

500年过去了，物换星移，盛世不再。高楼一次次重建，只留下残余的古迹在向世人诉说着曾经的故事。空留千般万般的怨言酸楚，可又有什么办法？东望豫章城，大灾之后的城市尚未恢复生机。西眺远山，夕阳西下，江风吹过，带来一丝凉爽。谁来和我一起饮酒作诗呢？

隆兴府隔壁的信州（今江西上饶）也同样遇到了旱灾。知州谢源明写信向隆兴府求助，请求借点粮食帮助信州渡过灾情。隆兴府大部分官员都表示反对，自己都快自身难保了，哪有精力去管别人？辛弃疾力排众议，天下灾民都属大宋子民，不能狭隘地归属为哪个地方的。他把隆兴府掌握的一些粮食支援信州，用船只送过去。这些救济措施，使得隆兴府及周边地区安然地渡过了难关，既没有出现大规模的饿死人事件，也没有引发社会大规模的动荡。

南宋淳熙八年（1181）秋天，朝廷奖励了辛弃疾，将辛弃疾的官阶由宣教郎晋升为奉议郎。

"木秀于林，风必摧之。"无论给辛弃疾什么急难险重的任务，他都完成得不错。在一群政绩平平的官员之中，辛弃疾一枝独秀，显得太扎眼了。再加上他做事过于果断，性格过于刚强，得罪了不少人。

本来，宋孝宗还有意保护他，但弹劾辛弃疾的折子实在是太多了。监察御史王蔺的弹劾奏折让赵眘的态度明显转变。宋孝宗问他，弹劾辛弃疾可否有证据？王蔺回答道，论贪婪，辛弃疾在江西隆兴府任上赈灾的时候，将大量官府财物低价抵押给商人，并从中牟利；论奢侈，他在建立飞虎军时，大手大脚，仅仅在建军的前期就花了42万贯军费；论残暴，他在湖南、江西等地平定茶商军时，无故杀死了许多投降者，"用钱如泥沙，杀人如草芥。"

"三人成虎，众口铄金。"宋孝宗也想起了辛弃疾私藏金字牌强行建立飞虎军的事情，内心非常不满。贪污浪费的事情暂且不论，单是私藏金字牌的事情就足以定欺君之罪了。于是，朝廷推翻了之前让辛弃疾担任两浙西路提点刑狱的诏令，免职。

南宋淳熙八年（1181）冬天，42岁的辛弃疾被免去一切职务。南下20年，折腾了大半的青春美好时光，从起步到升职，从升职到贬官，从贬官又到被罢免，奋斗20年，好不容易奋斗到了"副部级"的岗位，现如今一切归零。无论辛弃疾自己如何努力，也总是避免不了不被重视甚至被抛弃的命运，那个北伐中原回归故乡的理想，或许注定就是一场梦。他从北方南渡而来，本不属于南方也注定在任何地方都只能短暂停留，像极了蒲公英的种子，离开了故土，飞到哪里哪里就是他临时的家。时运不济，命途多舛，在人生的起起落落中，岁月已经流逝，辛弃疾也从一个年轻的小伙子变成了一个体弱多病的中年汉子，只是在这个中年汉子的身上仍然有着少年时的梦想。

《花蝶图》 李仲宣

闽地建功　封疆东南

南宋淳熙八年（1181）被免职之后，辛弃疾余生的大多数时间都退居在江西。中间曾在福建、浙东、镇江任职，但时间都很短，加起来也就只有三四年的时间。

南宋绍熙二年（1191），朝廷似乎突然想到了还有个叫辛弃疾的存在。这一年，新上任的皇帝再次起用了已经在上饶赋闲 10 年之久的辛弃疾，任命辛弃疾到东南重地担任福建提点刑狱。此时，宋孝宗已经退位 3 年，和现任皇帝宋光宗关系不融洽，朝廷分裂，政局不稳。

内心的激情渐渐已被漫长的时光磨灭，辛弃疾内心并不是很痛快地接受了这次任命。这次上任，早已经没有"春风得意马蹄疾"的欢快，反而有着"声声只道不如归"的凄凉。

在上任的路上，辛弃疾顺路看望了在武夷山脚下的朱熹。二人一起游览武夷山，一起吟诗作对，一起讨论学术、政治问题。两个人尽释前嫌，友情更加深厚。

《武夷放棹图》　方从义

辛弃疾还是那个耿直的辛弃疾。上任之时，福建安抚使林枃专门出城迎接辛弃疾，并为他准备了丰盛的接风宴。但辛弃疾都拒绝了，搞得二人关系从一开始就不是很和睦。

福建地处东南沿海，海外贸易发达，各类群体复杂，涉法案件非常多。辛弃疾到任后，马上将衙门已经封存多年的案卷全部取出，逐一翻阅了解情况，从中发现了不少冤假错案。他果断地撤掉了冤假错案频发地的提刑官，改换了一批熟悉律法、公道正派的官员前往就职。一时间，福建历年积弊被清扫一空，整个福建官场也变得积极向上起来。但是，辛弃疾过于严厉的做法还是得罪了福建本地的贪官污吏。他们对辛弃疾恨之入骨，到处参劾诽谤，迫切要把这个不懂"潜规则"的外乡人赶走。

眼看辛弃疾风生水起，福建安抚使林枃有点坐不住了。"这个辛弃疾，锋芒毕露，福建人只知道有个辛提刑，都不知道我这个林大帅了。"林枃越想越气，到处打压挑衅辛弃疾。大概是心怀愤懑，没多久，林枃竟突然病死了。

岗位重要，福建安抚使的职位可不能出现长时间空缺。或许出于理顺工作的考虑，朝廷让辛弃疾暂时代理福建安抚使一职。辛弃疾一上任，就积极整顿吏治，不出几个月，一大批贪官应声落马，一大批正直清廉的官员被提拔。

福建地形崎岖，八山一水一分田，人地矛盾十分突出。土地的稀缺性导致了权贵和资本的不断侵蚀，到了南宋时期，土地兼并现象愈发严重，泉州、漳州、汀州等地区的土地资源基本都掌握在地主豪强手里。

福建的另外一个问题是"盐"。盐，是老百姓过日子的必需品，在封建社会是官府专营，被称为"官盐"。由于缺乏必要的竞争，现实当中的"官盐"，质量较差，不受百姓欢迎。虽然福建地区海上贸易便利，但食盐价格奇贵，私盐盛行。为了维持必要收入，官府强行摊派、推销"官盐"，百姓则叫苦连天。

为了解决这两个问题，让老百姓过上更好的生活。辛弃疾上书朝廷，请求在福建最为落后的汀州推行"经界法""钞盐法"。朝廷批准了辛弃疾的奏折。

经界，就是丈量土地边界。辛弃疾的做法是，把所有的土地收回来进行重新测量核对，按照"地多多交税、地少少交税"的原则，以土地所有者实际拥有的土地面积计算赋税。为了减少工作阻力，辛弃疾有针对性地避开了地主豪强数量众多而农民稀少的泉州、漳州，而是选择在工作难度相对较小的汀州实行。这样既有效地推广了此项工作，又切实减轻了老百姓的赋税负担。针对"盐"的问题推行的"钞盐法"，则让老百姓能够买到质优价廉的"私盐"，受到了汀州老百姓的一致拥护。

和以往很多岗位一样，辛弃疾代理安抚使的岗位只干了3个月，刚开始谋篇布局呢，就被召到临安面圣去了。这把年纪了，面圣又能如何？他清晰地记得，当年面圣时，宋孝宗赵昚是如何冷淡地对待自己的。这次，也不抱啥希望了。

有时候，无心插柳柳成荫。南宋绍熙四年（1193）初，辛弃疾来到了临安。这次的召见让辛弃疾有点想不到也看不懂了。新皇帝赵惇反复向辛弃疾询问福建的情况，询问荆州、襄阳等地的军事防御策略，又放下身段讨教对付金朝的方法策略。辛弃疾

《福建海岸全图》 佚名

等这一天已经太久了，他把心中早有的对敌策略详细汇报，口若悬河，一一作答，并上奏了自己准备多时的《论荆襄上流为东南重地疏》。他认为，江浙之地为朝廷政治、经济重地，而荆、襄地区军事战略地位非常重要，关系到南宋政权的生死存亡，必须把江陵府、鄂州和荆襄一带的军事防御力量进一步加强，才能使得江山稳固。

显然，宋光宗赵惇对辛弃疾比较满意，他把辛弃疾留在了京城，任命为太府寺少卿。仅仅半年后，皇帝又将辛弃疾提拔为集英殿修撰，并派他再次到福建担任福州知州兼福建安抚使。

福建人口稠密，可耕种的土地却很少，一旦有灾害之年，就非常容易发生粮荒。重新回到福建之后，辛弃疾马上着手解决这一问题。他想办法充实官府财力，一方面广为开源，如实核定赋税收缴情况，应缴尽缴；另一方面节流，极力压缩政府开支，保证官府收入稳定。他设置了"备安库"，把平时节省下来的钱财存入其中，在发生饥荒的时候，直接动用这些钱到邻省买粮食，在丰收之年又可以将粮食卖给在福建的军队和皇室宗亲，客观上增加了"备安库"的收入。可以说，辛弃疾这一策略非常超前，即使放在现在都不落伍。

福建沿海地区，经常有海盗出没，军事力量的建设十分必要。辛弃疾在动用"备安库"的资金买粮食之外，还招兵买马，提升武器装备，准备打造一支福建版的"飞虎军"。当一切都在顺利进行时，朝廷谏官黄艾猛烈弹劾辛弃疾，指出辛弃疾建立备安库只是个幌子，实际上是为了贪污受贿，满足一己私心，称其为"残酷贪饕，奸赃狼藉"。朝廷再一次免掉了辛弃疾的职务，只留下一个空头衔"冲佑观奉祠"。

辛弃疾收拾行李，又回到信州的带湖去了。

04

千古一遇的词中巨龙

退隐带湖　醉心词作

南下之初，年轻的辛弃疾正是血气方刚，准备大干一番事业。但北线无战事，寡淡平静、波澜不惊的生活，让踌躇满志、一心北伐的辛弃疾非常不适应。

抬头看不到路，那就低头看书写字吧。闲暇时间实在太多，辛弃疾干脆开始从事文学创作。江南地区难得的暖阳天，春风拂面，花草生香，美人在侧，南燕北归，让人如何不思念自己的家乡。辛弃疾开始了一代词人的文学创作之路。

春已归来，看美人头上，袅袅春幡。无端风雨，未肯收尽余寒。年时燕子，料今宵、梦到西园。浑未办、黄柑荐酒，更传青韭堆盘。

却笑东风从此，便薰梅染柳，更没些闲。闲时又来镜里，转变朱颜。清愁不断，问何人、会解连环？生怕见、花开花落，朝来塞雁先还。

——南宋　辛弃疾《汉宫春·立春日》

《汉宫春晓图》 仇英

　　此后，作词便伴随着辛弃疾的官宦生涯，在建康、滁州、潭州、江陵、隆兴，他都留下了大量佳作。

　　南宋淳熙八年（1181），辛弃疾被罢免。在辛弃疾南下的岁月里，除了曾寓居京口外，其余时间都是辗转各地，居住地也是随着官职调动而变动，没有一个长期稳定的家。

　　辛弃疾选择了上饶。上饶，亦称信州，处

于信水之阳、灵山之南，为赣闽浙交通之要
道，土地肥沃，物产丰美，是上乘富饶之地。
非常重要的是，此地距离都城临安不远，只有
800 里路程。洪迈在《稼轩记》里曾经写道：
"国家行在武林，广信最密迩畿辅。东舟西车，
蠡午错出，势处便近，士大夫乐寄焉。"朝廷
万一有召唤，可以随时进京，一天即可到达。
如果朝廷没有召唤，自己正好可以归隐山林，

悠然自在。而且，上饶一地，从中原地区南渡的北方名门望族众多，仅仅上饶城内的北方人家就有百户以上。

想到这里，辛弃疾就走遍上饶城四处寻觅，终于在城北找到一块相对平坦的地方。这里有片狭长形的湖泊，向北遥望可以看到灵山的美景，而且，此地临近唐代茶圣陆羽的居住地。北有灵山作为屏障，南又有信州城和信江河，辛弃疾非常喜欢这块地方，根据"枕澄湖如宝带"的形状，将这片没有名字的湖泊命名为带湖，并把这块地买了下来。

辛弃疾与江西有缘，在长期的官宦生涯中，他曾先后在江西的南昌、赣州两地担任三次职务，留下过不少印记。比如，南宋淳熙二年（1175）七月至淳熙三年（1176）秋，为了剿灭茶商军，朝廷派辛弃疾到赣南担任江西提点刑狱。过了不多久，淳熙四年（1177），朝廷又让辛弃疾转战赣北，担任了一年多的隆兴府知府兼江西安抚使。淳熙七年（1180）冬至淳熙八年（1181）冬，辛弃疾再次到南昌任职，还是一样的职务。在江西任职期间，辛弃疾还算是顺风顺水，剿灭茶商军、隆兴府赈灾，都留下了卓著功绩。罢官后的20多年时间里，辛弃

上饶铅山县瓢泉

疾也居住在江西，先后居住在信州带湖、铅山瓢泉等地。摆脱了一身官职的烦恼后，他将大部分的精力投入词作，江西这块地方也为辛弃疾提供了精神慰藉和创作的肥沃土壤。

辛弃疾清楚地意识到，自己的性格、为人处世过于直接，在以柔美、委婉处事的南方环境中，显得格格不入，周围同僚对他早有怨言。连他自己在给宋孝宗赵昚的奏折中都大胆真实地评价了自己，"刚拙自信，年来不为众人所容"。还是给自己准备条退路吧。在担任隆兴府知府的时候，辛弃疾就派人前往信州带湖修建房屋。他根据当地山水分布和高矮地势，亲自规划，亲自设计绘图，在地势较高的地方修建房屋，把地势较低的地方开辟为农田。

官场太凶险了，还是土地最好打交道，你辛勤劳作，它就回报收成。他改号为"稼轩居士"，不当官了，就当个农民安心种庄稼吧。在辛弃疾被罢官后不久，带湖的房子建好了。罢免抑郁之时，总算是有个好消息。他喜不自胜，作词《沁园春·带湖新居将成》。

带湖新居，长约410米，宽约280米，辛弃疾在这里筑室百间，建起了植杖亭、集山楼、婆娑室等建筑，占了总面积的40%。在集山楼，可以登高赏景、远眺灵山，冬天则可以登楼赏雪。其余空闲出来的地方，辛弃疾就开辟出来专门种田或者养鱼。"东冈更葺茅斋。好都把轩窗临水开。"既然是退隐之所，则要效法渊明先生，修一幢茅屋作为书斋，而且窗户要临水而开。"要小舟行钓，先应种柳。"要种些垂柳，方便在水塘边垂钓，竹子、梅花、春兰、秋菊都不应该少。在辛弃疾的布置下，带湖庄园成为周边名人雅士争相参观的地方，春天可赏兰，夏天可观荷，秋天可采菊，冬天可咏梅。朱熹路过上饶时，曾专门到带湖庄园查看，称赞构筑宏丽壮观，是他平生未见过的，"耳目所未曾睹"。洪迈探访

《赠稼轩山水图》
董其昌

《竹鸥图》（传） 崔白

辛弃疾，作《稼轩记》，回望了辛弃疾之前的功绩，将自己在带湖庄园看到的都记录了下来，并真心希望辛弃疾能够再次被起用，建功立业。

辛弃疾 42 岁了。一直以来，妻儿奴仆跟着辛弃疾辗转各地，非常辛苦。南下之初，第一任妻子赵氏就在颠沛流离中不幸早逝。第二任妻子范氏，出身名门，学识渊博，在不停地辗转各地后，也是身体情况不好，体弱多病。对此，辛弃疾非常愧疚。这下，带湖庄园建好了，一家人总算可以团聚，过一下正常的家庭生活了。这一年，辛弃疾写下了《水调歌头·盟鸥》。

带湖吾甚爱，千丈翠奁开。先生杖屦无事，一日走千回。凡我同盟鸥鹭，今日既盟之后，来往莫相猜。白鹤在何处？尝试与偕来。

破青萍，排翠藻，立苍苔。窥鱼笑汝痴计，不解举吾杯。废沼荒丘畴昔，明月清风此夜，人世几欢哀？东岸绿阴少，杨柳更须栽。

——南宋　辛弃疾《水调歌头·盟鸥》

这些年来，辛弃疾奔走于各地，每到一地都是政绩卓著，每到一地又都陷入尔虞我诈的官场。他感到厌倦了，既然报国无门、才华无用，不如退隐田园，寄情山水，过一段安安静静、踏踏实实的田园生活。在心爱的带湖边，没事一天可以沿着湖边走个一千回。鸥啊、鹭啊、白鹤啊，都是他的好朋友。在赣东北这块肥沃而美丽的土地上，在恬淡而安宁的带湖边，辛弃疾与鱼鸟相会，与花草相伴，陶醉于大自然间，开始了自己的诗词创作之路。

《秋山渔隐图》 蓝瑛

灵山秀水 直抒情怀

信州（上饶）之地虽不及临安城繁华热闹，但也交通便利，经济富庶，风景秀美，老百姓幸福感很强。辛弃疾适应并享受着退隐生活，有时候，他会徘徊于带湖附近，采菊种树，养花弄草，悠然自得；有时候，他会闭门谢客，独自博览群书，饮酒作词；有时候，他会教育子女，享受天伦之乐；有时候，他又喜欢访朋问友，品诗对词。

在上饶柔情的山水中，辛弃疾流连忘返。灵山、信水、鹅湖、博山、龟峰等地，都留下了辛弃疾探寻游览的足迹。赣东北的柔美山水和文化底蕴也让这位北望中原的爱国将领暂时抛却了官场失意的烦恼，过起了一段休闲舒适的田园生活。

上饶东南有一座博山，山脚下有一条南宋都城临安通往南昌、长沙、两广的驿道，文人骚客、商贾名流时常穿梭往来。辛弃疾也常到此处读书、教学、游览，与山中寺僧交流。据统计，他一生中写博山的词作就有20余首。

某天，自博山教书返回带湖的辛弃疾，在路上突遇滂沱大雨，无奈之下，辛弃疾来到路边的一户王姓人家避雨、投宿。这户人家的条件并不好，在秋天阴冷的天气中，几间破旧的房子更显得荒凉冷落。夜深人静，秋雨淅沥，辛弃疾的头脑却异常清醒，他把自己的所见所感写成了：

绕床饥鼠，蝙蝠翻灯舞。屋上松风吹急雨，破纸窗间自语。

平生塞北江南，归来华发苍颜。布被秋宵梦觉，眼前万里江山。

——南宋　辛弃疾《清平乐·独宿博山王氏庵》

在这个破败的房子里，"绕床饥鼠，蝙蝠翻灯舞"，饥饿的老鼠围着床边到处爬，蝙蝠到处乱飞把油灯都打翻掉了。而屋外却正秋风骤雨，把破旧的窗户纸吹得呼呼作响。然而，即使是如此恶劣的环境，辛弃疾依然惦记着北伐中原的梦想，自己一生从"塞北"到"江南"，从"满头青丝"到"白发苍苍"，夜里梦中醒来，眼前依然是祖国的"万里江山"。

上饶一地，山清水秀，物产富饶，到处都是诗情画意。在另一次博山返回的驿道上，也是在夜间，辛弃疾正好路过了上饶县的黄沙岭。大概这次天气不错，自己还和好朋友喝了点小酒。词人的心情莫名地美妙，在惊鹊和鸣蝉之间，他写下了让世人朗朗上口的千古名篇。

明月别枝惊鹊，清风半夜鸣蝉。

稻花香里说丰年，听取蛙声一片。

七八个星天外，两三点雨山前。

旧时茅店社林边，路转溪桥忽见。

——南宋 辛弃疾《西江月·夜行黄沙道中》

灵山，位于上饶城北，是辛弃疾经常去的地方。远望灵山，大山犹如睡美人躺卧安详。近观灵山，千奇百怪，奇石海洋。对上饶而言，灵山是"信之镇山"，保护着上饶的安宁祥和。在辛弃疾的词作里，灵山"叠嶂西驰，万马回旋，众山欲东"，就像一座屏障，万马飞腾回旋，气势雄伟，又像衣冠楚楚、风度翩翩的谢安子弟和温文尔雅、雍容华贵的司马相如随从。他喜欢上了家门口这座"心灵之山"，到山上一住就是半年多。

赣东北的农村也是辛弃疾喜欢探寻的地方。在岁月静好的《清平乐·村居》里，辛弃疾恰好路过一户农家，停车驻足间，他不禁欣赏起了这幅江南农村的静谧画面。

茅檐低小，溪上青青草。

醉里吴音相媚好，白发谁家翁媪？大儿锄豆溪东，中儿正织鸡笼。

最喜小儿亡赖，溪头卧剥莲蓬。

——南宋　辛弃疾《清平乐·村居》

　　远处的青山，近处的菜地，低矮的房屋，翠绿的草地，小河流水淙淙，耳边是农人们相互交流问候的吴侬软语。这户人家在安静的环境中忙碌着，时间很慢，画面多美，内心欢喜而安静。

　　南宋的上饶，北方名门南迁，文人雅士众多。比如有著名的词人韩元吉，是河南人，曾担任吏部尚书，南下归宋后，他把家族都搬到了信州，并一直居住于此地。再比如，因出使金朝没完成任务的镇江人汤邦彦（汤朝美），也被朝廷贬至信州。此外，信州附近陈德明、赵善扛、徐安国等文人雅士，都是博学多才之人。辛弃疾喜欢和朋友交流，建立起了广泛的朋友圈。信州知州、通判等人，都成了带湖庄园的座上宾。谈笑有鸿儒，往来无白丁，他们一起纵论天下大事，一起把酒言欢，一起切磋诗词。和这些朋友们的深层次交往，让辛弃疾得到了足够的精神慰藉。

　　文人爱酒，更多情。在美酒佳肴的宴席上，在吟诗填词唱和时，陪在身边的侍女丫鬟必不少可。据考证，在辛弃疾身边的侍女不少于6人，有"整整、钱钱、田田、香香、卿卿、飞卿"等。美酒、美食、美女，填词之后，友人点评，侍女唱和。在享受着自己作品被人传唱的成就感中，辛弃疾渐渐忘记了仕途失意的烦恼。其实，无论是在辗转多地的任职时，还是在隐退带湖的岁月里，这些侍女照顾辛弃疾的生活、整理诗词、侍候左右，为辛弃疾词作的层出不穷发挥了重要作用。

　　在江南闲居的日子里，也并不都是好消息。南宋淳熙十年（1183）初春，好朋友汤邦彦离开上饶，回自己江苏老家去了。辛弃疾有点失落又有点感慨，身边又少了一位可以交流思想的好朋友，好朋友有故乡可归，而自己北方家乡不能回。这一年的初夏，辛弃疾又先后听到了老领导叶衡叶丞相去世和好友傅安道去世的坏消息。这些曾经的好朋友，渐渐都七零八落，让人顿感凄凉。

《水阁雅集图》　江参

鹅湖会友　醉里看剑

辛弃疾隐退几年了，可"江湖"上依然有他的传说。南宋淳熙十四年（1187），朝廷重臣为辛弃疾的起用争得面红耳赤。宰相王淮爱惜人才，向宋孝宗赵眘提出，应该起用辛弃疾这样有才华有能力的人才。宰相周必大和众多的"主和派"官员们则强烈反对。在平衡两方意见后，朝廷任命辛弃疾为冲佑观奉祠，只拿工资而不需要做太多事。

冲佑观是道教活动场所，为唐玄宗李隆基年间所建，位于福建的武夷山脚下，建成之后曾经改过几次名字，从武夷观到会仙观，到南宋的时候改为"冲佑观"。宋代建立了祠禄官制度，被朝廷派到宫观担任祠禄官的，工作相对清闲，主要负责祭祀活动，算是保留点待遇。除辛弃疾之外，朱熹和陆游也曾经主管过冲佑观，三人被尊称为"武夷三翁"。

上饶西南有一座山，叫鹅湖山，位于带湖去往冲佑观的主干道上，因此成为辛弃疾喜欢且经常去的地方。鹅湖山名称最早来源于"荷湖"，因山上有湖，长满了荷花，所以叫"荷湖"。东晋时期，有人在山上湖中养了一群鹅，荷湖又被称为"鹅湖"。

《南唐文会图》　佚名

水为鹅湖，山则为鹅湖山，寺庙也成为鹅湖寺，在寺庙周边建起的书院则成了鹅湖书院。鹅湖书院并不大，但因"鹅湖之会（鹅湖之辩）"而闻名于世。

儒家学说诞生于齐鲁大地，孔孟将儒学发扬光大。到南宋之时，江右一地逐渐成为中华文化的高地。佛教的禅宗在此"一花开五叶"，逐渐定型；道教逐渐兴盛，龙虎山天师派已经统领全国道教；而儒家也在此中兴，理学代表人物朱熹和心学代表人物陆九渊都是江西人。按照常理，理学和心学同属儒

上饶铅山县鹅湖书院

家学派，不应搞分裂、闹矛盾，况且心学还由理学
分离出来。但事实上，两个学派牢牢掌握各自的主
阵地，丝毫不肯相让。南宋淳熙二年（1175）六月，
为了缩小理学和心学的分歧，调和两派之间的矛盾，
"中间人"吕祖谦出面邀请两派代表朱熹和陆九渊
在上饶鹅湖寺相会。两派人马见面后，不但没有互
相谦让缓和矛盾，反而是唇枪舌剑、激烈辩论，成
为中国哲学史上重要事件，史称"鹅湖之会"或"鹅
湖之辩"。

　　辛弃疾和朱熹打交道也比较多，从年龄讲，朱熹比辛弃疾大10岁。一开始，二人关系并不是很和睦。辛弃疾经商头脑发达，在南昌为官时，他用商船贩运过牛皮，这在南宋是不合法的。辛弃疾嘱咐下人小心翼翼，千万别被抓到把柄，但防不胜防，货物路过九江时，还是被在南康军任职的朱熹发现了。朱熹学究气十足，按规定讲原则地处理了此事。辛弃疾十分着急，连忙写信说明情况，朱熹才把扣押的船只放行。对此，辛弃疾一肚子意见，二人也闹得不愉快。不过，朱熹听说辛弃疾在南昌迅速地赈灾后，对他的态度改变很大，还赞叹说："这便见得他有才。"对其表示钦佩。辛弃疾被罢免后，朱熹为其喊冤："辛幼安是个人才，岂有使不得之理。"在路过上饶时，朱熹还专门看了辛弃疾的新房子，与居住上饶的辛弃疾、韩元吉等名人相聚畅饮。朱熹在福建为官时，居住上饶的辛弃疾还专程到福建拜访，二人同游武夷，泛舟九曲，共论国事。辛弃疾兴致大发，写诗称赞朱熹为"山中有客帝王师"。

　　陈亮是辛弃疾的另一位好朋友。他是浙江人，是永康学派的代表人物，人称龙川先生，也是一位

力主北伐、收复国土的"主战派"，他曾向皇上赵
眘上书《中兴五论》和《酌古论》等，直言要打击
投降派，坚定抗金信心，并认为南宋应该迁都建康，
励志复仇。这些观点与辛弃疾不谋而合，二人三观
一致，相谈甚欢，成为好朋友。

南宋淳熙十五年（1188）二月，陈亮写信约辛
弃疾和朱熹到赣闽边界的铅山县紫溪，共商恢复大

上饶铅山县辛弃疾雕像

计。老朋友的到访，让辛弃疾非常高兴。他不在乎自己正患小病，也不在乎冰雪严寒，他陪着陈亮一同酌瓢泉而共饮，一同到鹅湖游走漫步，两人分析时局，纵论天下，史称"第二次鹅湖之会"。不知不觉已经过了10多天，他们赶到紫溪与朱熹见面，可朱熹因故未到，二人难免失望，陈亮只得告辞返回浙江。辛弃疾依依不舍，待陈亮走后还苦苦追赶，想让陈亮多待一段时间，结果也没追上，怅然而归。有词《贺新郎·把酒长亭说》为证。

在词中，辛弃疾自比陶渊明，希望能像陶渊明那样归园田居，不理世事，寻找自己的桃花源。但辛弃疾又自比诸葛亮，希望能够走出茅庐，纵横疆场，辅佐君王成就大业。这种矛盾的心态正是他退隐带湖的真实写照。他和陈亮二人，同为英雄惺惺相惜，一唱一和，每人写了三首词。词中所写的内容，都离不开北复中原这一主题思想。有人认为，从中国哲学思想史来看，理学代表朱熹和心学代表陆九渊的"鹅湖之会"是一个里程碑，而思想家陈亮与豪放派词人辛弃疾的第二次"鹅湖之会"在中国文学史上也有着较高的地位。

《狩猎图》　佚名

　　好朋友陈亮离开后，辛弃疾十分失落。某一天晚上，酒醉之后，他挑亮油灯，看着自己心爱的宝剑，仿佛回到了军营中，灵感喷涌而出，写下传世名篇寄给离开的陈亮。

　　醉里挑灯看剑，梦回吹角连营。八百里分麾下炙，五十弦翻塞外声。沙场秋点兵。

马作的卢飞快，弓如霹雳弦惊。了却君王天下事，赢得生前身后名。可怜白发生！

——南宋　辛弃疾《破阵子·为陈同甫赋壮词以寄之》

多少次酒醉后，多少次在梦中，辛弃疾又回到了金戈铁马的战场上，号角声声，战马飞驰，弓弦如雷，沙场点兵。一员武将，最大的志向是"了却君王天下事，赢得生前身后名"，帮助最高统治者完成国家统一大业，赢得像卫青、霍去病那样的功业和名声。只可惜几十年过去，功业未成，"可怜白发生"，自己却已经变成了白发人。在酒醉之后的睡梦中，他放飞自我，恣意地策马奔腾，达到事业和理想双赢的巅峰，忽然一下子，梦中惊醒，又被打回原形回到冷酷的现实。

《辛弃疾》 谭崇正

识尽愁味　以词咏志

从不惑之年到知天命之年，又一个十年过去了。一开始定居上饶的时候，辛弃疾认为在上饶只是短暂停留，不需要太长时间就会被朝廷重新起用。没想到，这一闲竟然是漫长的 20 多年，青丝早已变成白发。一个志存高远又本领高强的人是闲不住的。既然无法在现实中建功立业，那就把诗词写作当成抒发壮怀和寄托悲慨的一种方式吧。辛弃疾把心血和光阴都投入诗词创作中，他把千般的惆怅、万般的豪情、北伐的理想和寂寥的现实都融到自己的词作中，指点江山，激扬文字，从一员武将转变为一代词人。

宋朝是词作的巅峰时期。如果用简短几个字来对辛弃疾进行历史定位，很多人都赞同"人中之杰，词中之龙"这个定位。著名学者叶嘉莹评价辛弃疾说："他在词中所做出的开拓和成就，不仅超越了北宋的苏轼，而且也是使得千百年以下的作者一直感到难以为继的。"

《哨遍·秋水观》　佚名

就数量而言，在带湖、瓢泉这一时期，辛弃疾所作的词作300多篇，形式和体裁多种多样，占他全部词作的一半多；以题材而论，有离别词，有田园词，有政论词；以风格来说，有的慷慨激昂、奋发向上，有的清新脱俗、婉转妩媚。

一开始，辛弃疾写了很多感慨时事的政治词。比如，《水龙吟·登建康赏心亭》等。他摒弃了五代以来的婉约词风格和描写男女爱情的感情词流派，更接近于苏轼豪放派的风格。而比起苏东坡来，辛弃疾武将的出身定位和他所处的半壁江山的历史时代，赋予了辛词更深厚的艺术内容和更独特的艺术风格。可谓是，时势造英雄。

虽闲居带湖，远离政治，但辛弃疾对现实依旧关心，对朝堂依旧关注。在他的词中，他把自己比作生苔的剑铗、挂在墙上的雕弓。他感慨自己浑身能量，却被弃之不用，只是闲在家中弄花种草、喝酒待客，无聊地打发着时间。他是个真性情有思想的词人，他同时还是一位有谋略、有胆识、有眼光、有手段、有才华的英雄人物。他一心要收复中原故土，一心要报效国家，自己也能够在工作岗位上做出不朽业绩，却在官场中不断遭受到谗言诋毁和小人弹劾，心中压抑只有在词中诉说。比如，还是在博山回家途中，他抒发对"愁"的感慨。历经千难万险、遭遇一连串打击之后，辛弃疾内心更加坚强，他对很多事物的认识也越来越深刻。

少年不识愁滋味，爱上层楼。爱上层楼，为赋新词强说愁。

而今识尽愁滋味，欲说还休。欲说还休，却道天凉好个秋！

——南宋　辛弃疾《丑奴儿·书博山道中壁》

随着时间变化而变化的，是辛弃疾的内心境遇和词作风格。刚居住上饶时，忧国忧民，内心澎湃，再到之后，逐渐释然，逐渐寄情山水之间，关心耕地、种菜等老百姓的普通生活。

辛弃疾同当地的文人雅客、农村父老和睦相处，深深地体验着上乘富饶之地的美丽风光和敦厚民风。他效仿陶渊明，把陶渊明的田园诗变成了田园词。他写下《鹧鸪天·游鹅湖，醉书酒家壁》《鹊桥仙·己酉山行书所见》《鹧鸪天·戏题村舍》等等，从稻花香里，到蛙声一片，向我们徐徐展开一幅幅清新美丽、宁静祥和的农村生活画卷。

瓢泉恬静的田园和质朴的村民激发了辛弃疾创作的灵感，田园诗词、抒情诗词层出不穷。据统计，辛弃疾在瓢泉时期创作的词达170多首，占他全部词作的近三分之一。比如，他留下了《临江仙·戏为期思詹老寿》《浣溪沙·父老争言雨水匀》等与铅山当地村民交往的生活词作，挥就了《玉楼春·戏赋云山》等描写赣东北美丽山水的佳作，留下了"我见青山多妩媚，料青山、见我应如是"等富有哲理、写景见人、引人深思的千古名句，还抒发了"两手挽天河，要一洗蛮烟瘴雨"的壮志豪情。

　　辛弃疾是宋词豪放派的代表人物，豪迈是辛弃疾词作的主基调。但是，他也创作了一些感情细腻的婉约之作，让我们在辛弃疾的慷慨激昂之外，又领略了他的侠骨柔情。

《云山图》　佚名

东风夜放花千树，更吹落、星如雨。宝马雕车香满路。凤箫声动，玉壶光转，一夜鱼龙舞。

蛾儿雪柳黄金缕，笑语盈盈暗香去。众里寻他千百度。蓦然回首，那人却在，灯火阑珊处。

——南宋　辛弃疾《青玉案·元夕》

你看，元宵之夜，城里街头的彩灯，像春风吹过一般绚烂绽放，又像满天的星星雨点般落下。一个痴情的追求者，满怀着对恋人的无限思念，穿过香车川流不息的街道，在人山人海中，苦苦地寻觅。当回眸的那瞬间，却发现寻找的她正在若明若暗的灯火之中。

"幼安之佳处，在有性情，有境界。"经典词作不仅仅在于辞藻的奢华，更重要的是意境的创造。穿越历史，"蓦然回首，那人却在，灯火阑珊处"成为读书治学、为人处世的最高境界。

　　"无情未必真豪杰。"在政治生涯中，辛弃疾
能够慷慨悲歌；在个人感情方面，辛弃疾亦有抒情
佳作。这个侠骨柔情的北方汉子，豪放如东坡，婉
约则如清照、晏殊，确实是宋代词坛的大家，也成
为无数人心中的偶像。

济南辛弃疾故居

一生北望的遺憾人生

南下之初　苦盼北伐

南下初始，辛弃疾被派到长江边上的江阴军做了签判。

江阴，顾名思义，在长江之南。它既是大江之尾，又是大海之头，位于长江的咽喉位置，历代为边防军事要塞。"签判"是"签书判官厅公事"的简称，官职不高，主要负责"诸案文移"等方面事务，是一个协助地方长官处理日常工作的文职。从南宋绍兴三十二年（1162）至南宋隆兴二年（1164），辛弃疾在江阴军签判的岗位上工作了两年多。

又是一年春来到。按照宋代休假制度，立春时节可以休息。衙门里的同僚们都回家了，独留辛弃疾北望故土。辛弃疾想家了，江南再好，也是异地他乡，什么时候能够再回到山东老家呢？值得欣慰的是，有"美人"原配夫人赵氏在身边。在风雨飘摇中，辛弃疾和赵氏克服着种种不适，小心建立并守候着这个南下不久的小家庭。辛弃疾感激眼前这个相伴左右的妻子，他们曾一起南征北战，一起来到江南。南下后，赵氏还为辛弃疾生了两个儿子。可惜的是，或许是水土不服，或许是颠沛流离，赵氏身体越来越差，南下不久就去世了。

此时的赵构也在为选接班人劳心费神。最终，赵构迫于形势将皇位传给自己的过继儿子赵昚（死后尊为宋孝宗）。事实证明，赵昚也确实不负众望，成为南宋历史上较有作为的君主。

宋孝宗即位后，一改宋高宗对金朝软弱投降的态度，大胆起用主战派张浚等人，主张用武力去收复中原。感叹英雄无用武之地的辛弃疾似乎看到了北上中原、打回老家的希望。在江阴任上的他异常激动，不顾程序，越级跑到张浚那里献计策。他认为，南宋如果兵分几路进攻关中陕西、西京、淮北等地，金人必定出兵应对，在他们疲于调动之时，南宋军队可以悄悄进军山东，占领山东，使金军首尾不能相顾，从而收复中原。

应该说辛弃疾是懂军事的，他的建议也很有道理。但是，张浚并没有采纳辛弃疾的建议，他也有他的苦衷。一方面，在朝堂之上，张浚根基并不深厚，还不足以掌控全国的局势；另一方面，整个南宋长时间处于和平状态，从思想上、经济上和军事上都还没有做好战争的准备。从官场地位看，当时的张

《池上诗团扇》 赵昚

浚是统领建康、镇江府、江阴军等长江沿线兵马的大将军，而辛弃疾只是一个从八品的芝麻官，根本无力对如此高位的权臣施加影响。

江阴任职后不久，南宋乾道四年（1168），辛弃疾获得重用，被任命为建康府通判。

还是那座建康城。一天晚上，辛弃疾来到了赏心亭。这座亭子位于建康下水门，自北宋初年始建，到此时已经有100多年的历史了。在此亭驻足，上可观金陵，下可赏秦淮，景色绝佳。夜色渐起，秦淮河上，彩灯初上，喧声闹语，真乃人间天堂。

可辛弃疾是孤独的。这个虽有治国之才却没有报国平台的北方青年在好友离别之时顿感孤独。那赢得淝水之战的谢安，晚年不也闲居东山，听曲落泪吗？在美酒、美食、美女的纸醉金迷中，他脑子里一阵阵地闪过北方天气的天寒地冻、寒风刺骨。家国尚未统一，北方的百姓还在受苦受难，我们难道就在这欢歌笑语中度过享乐人生？

滚滚长江和南京古城给了辛弃疾太多的思考和情感。没多久，还是在赏心亭，他又写下一首沉痛悲愤的词。这一次，他没再呈送给别人，而是写给了自己，写给了站在赏心亭里北望江山的自己。

楚天千里清秋，水随天去秋无际。遥岑远目，献愁供恨，玉簪螺髻。落日楼头，断鸿声里，江南游子。把吴钩看了，栏杆拍遍，无人会，登临意。

休说鲈鱼堪脍，尽西风，季鹰归未？求田问舍，怕应羞见，刘郎才气。可惜流年，忧愁风雨，树犹如此！倩何人唤取，红巾翠袖，揾英雄泪！

——南宋　辛弃疾《水龙吟·登建康赏心亭》

　　"落日楼头，断鸿声里。"夕阳西下、孤雁声声的画面，正如我这个江南游子的落寞处境。有谁能体会我这个北方男儿登临赏心亭的心情？

　　"可惜流年"，岁月匆匆、时光飞逝，人都会老的，而国家还在风雨飘荡之中，北伐无期、归乡无望，眼角已经是英雄泪。

　　在建康通判任上，辛弃疾度过了 30 岁的生日。三十而立，人生已过半。可那些曾经立过的志向，那些期许的功业，一个都还没实现。那个遥远的北方故乡，还能回得去吗？该怎么办呢？再这样闲置下去，就错过了上阵杀敌、驰骋疆场的黄金年龄了。这个曾经的帝王之城，六朝古都，虎踞龙盘之地，多少匆匆过客，多少烟雨朦胧，都付诸在这滚滚长江水中。只有兴亡满目，往事不堪回首。夜色渐浓，他独自一人在赏心亭内思考。正所谓，梦回故里却无处可去，赏心亭内正是伤心之地。

《仿宋院本金陵图》　杨大章

驻守江浙　隔江北望

在辛弃疾瓢泉闲居之时，朝廷的形势也在不断地发生着变化。宋光宗赵惇在主政 5 年之后，迫于内外压力，将皇位让给儿子赵扩，是为宋宁宗。

此时，朝中主战派势力渐起，主和派渐渐式微，北伐成为朝廷重点工作。一大批过去被主和派打压的官员陆续被起用。在这种背景之下，南宋嘉泰三年（1203），朝廷又重新起用了已经闲居 8 年之久的辛弃疾，让他前往浙江担任绍兴知府兼两浙东路安抚使。此时辛弃疾已年过六旬，早已过了建功立业的大好年华。

朱熹的门生黄榦曾如此评价辛弃疾的这次复出。他说道："明公以果毅之资，刚大之气，真一世之雄也……一旦有警，拔起于山谷之间。"

在黄榦的眼中，辛弃疾是时代的大英雄，尽管屡受打压屡遭挫折，而一旦朝廷需要，他总能及时出现。尽管他任职时间不长，但每到一处，他都能够建立一番功绩。他心怀家国，把北复中原作为自己毕生的追求去努力。

绍兴临近京城，自古为吴越繁华之地。春秋时期，西施生长于此地。东晋时期，王羲之在此地留下著名的《兰亭集序》。

《兰亭集序》（唐摹本）　褚遂良

南宋初年，王朝漂泊动荡，刚刚上位的宋高宗赵构一路走一路逃，一直到南宋建炎四年（1130），金军撤退，赵构在越州才稳定下来。天不灭大宋，总算留下了半壁江山。为了表明自己励精图治、复兴宋室的决心，赵构取"绍祚中兴"之意，将年号改为"绍兴"，并将越州城名改为了绍兴。

辛弃疾甚是喜爱这个人杰地灵、物产丰富的江南宝地。他在铅山至绍兴赴任途中，经过浙江的农村时，田野里一片忙碌。心情不错的他被美丽的田园风光吸引，写下：

北陇田高踏水频。西溪禾早已尝新。隔墙沽酒煮纤鳞。

忽有微凉何处雨，更无留影霎时云。卖瓜声过竹边村。

——南宋　辛弃疾《浣溪沙·常山道中》

毕竟当过多地的地方大员，辛弃疾到浙江上任后驾轻就熟。在辛弃疾看来，自己到浙东任职最大的收获就是认识了爱国诗人、主战派代表人物陆游。此时的陆游已经80岁了，虽然两人年龄相差15岁，但二人一见如故，很快就成了好友。

陆游家住在绍兴鉴湖边上，周围环境挺好，就是房子有些破旧。大气豪爽的辛弃疾提出，要帮助陆游建一栋新房子。陆游婉言谢绝，他说："辛幼安每欲为筑舍，余辞之，遂止。"又感慨道，"幸有湖边旧草堂，敢烦地主筑林塘。"除了陆游之外，辛弃疾还和退休在此地的张镃、姜夔、刘过、丘崈等人往来较多，谈诗论词。

南宋嘉泰三年（1203），北方金朝遭遇旱灾，境内农民起义不断，政治局势比较混乱。南宋注意到了这个非常重要的情况。

南宋嘉泰四年（1204），宋宁宗不断召见辛弃疾等主战派进京商量如何应对。在临安城，辛弃疾详细向宋宁宗汇报了金朝的局势变化和南宋面临的难得机遇，并建议积极准备北伐，伺机而动。一直主战的朝廷重臣韩侂胄觉得辛弃疾与自己的想法一致，非常高兴。紧接着，辛弃疾得以重用，被提拔为宝谟阁待制，和其他大臣一样可以早晚上朝见到皇帝。为了加强长江沿线的防备，三月，辛弃疾被派到长江防线的镇江担任知府。

命运弄人，辛弃疾又回到了 40 年前曾经寓居的镇江京口，也算是故地重游吧。三国时期，刘备曾在此地招亲，为孙刘建立联盟打下基础。北宋时期，王安石曾经在长江边感慨："京口瓜洲一水间，钟山只隔数重山。"何处望神州？去北固楼。这天，辛弃疾走出衙门，穿越人头攒动的街巷，爬上北固山，登临北固亭，望着脚下滔滔东去的长江水，想着自己为之奋斗大半生的北伐梦，岁月悠悠，千百年来多少兴亡故事。在感慨之余，他奋笔写下气势恢宏的《南乡子·登京口北固亭有怀》：

何处望神州？满眼风光北固楼。

千古兴亡多少事？悠悠，不尽长江滚滚流。

年少万兜鍪，坐断东南战未休。

天下英雄谁敌手？曹刘。生子当如孙仲谋。

——南宋　辛弃疾《南乡子·登京口北固亭有怀》

带着历史使命感和责任感，辛弃疾马上开始了上任后的工作，最主要的就是抓战备。他迅速摸清了镇江城的兵马装备底数，积极开始招募部队，准备打造一支镇江版的"飞虎军"。知己知彼，才能百战不殆。他不惜耗费重金打造了一支间谍队伍，通过他们打探金朝的内政、军事、民生情况。

然而间谍们关于金朝情况的反馈，却让辛弃疾有些担心。金朝内部的确比较混乱，北方还有邻居蒙古随时南下，但在金章宗完颜璟的苦心经营之下，余威犹在，几支核心精锐部队战斗力仍然很强。对比南宋这边，虽然口号叫得震天响，但毕竟有数十年没有打过仗了，从高级将领到普通士兵，普遍缺乏战斗经验。

辛弃疾不禁对北伐担忧起来。他马上上书韩侂胄，苦口婆心地劝说他暂缓北伐计划，建议先积攒实力，等军队产生强大战斗力之后，再举兵北上也不晚。但是，权臣韩侂胄等不及了，他觉得自己年纪大了,政治生命也要结束了,20年太久,只争朝夕。

　　既然朝廷已经下定决心,辛弃疾就要绝对服从。他马上投身到紧张的军事准备中。然而,随着备战工作的深入推进,辛弃疾的担忧越来越强烈。眼下,朝廷的急于求成、军事将领的奇缺、士兵素质的低下、后勤保障的漏洞,渐渐动摇着这位沙场老将的信心。外有压力,内有担心,辛弃疾再次来到北固山散心,站在山顶上,望着周围的景色,百感交集。40年前,就是在这里,刚南下不久的他认识了范家父子,还迎娶了范家姑娘。如今物是人非,南宋到处旌旗遍布,举国上下一片欢乐,打仗不是儿戏,金朝会轻易被打败吗? 带着对国家和民族深深的忧虑,他写下了:

千古江山,英雄无觅,孙仲谋处。

舞榭歌台,风流总被,雨打风吹去。

斜阳草树,寻常巷陌,人道寄奴曾住。

想当年,金戈铁马,气吞万里如虎。

元嘉草草,封狼居胥,赢得仓皇北顾。

四十三年,望中犹记,烽火扬州路。

可堪回首,佛狸祠下,一片神鸦社鼓。

凭谁问：廉颇老矣，尚能饭否？

——南宋 辛弃疾《永遇乐·京口北固亭怀古》

他是多么希望南宋朝廷能够像东吴孙权、刘宋刘裕一样，一路北上，"气吞万里如虎。"但是，他又害怕南宋会不会像元嘉年间的北伐战争一样大败而归呢？在这种关键时候，自己虽然已经年迈，但还是能够扛起使命担当，在北复中原中建功立业。在这首词中，辛弃疾借古讽今，鲜明地亮出了自己的政治态度，那就是坚持抗金但又反对冒进。

结果，还没等到战争打响，辛弃疾又被朝廷内部权力斗争牵连，被打发到江西南昌再次担任隆兴府知府。江西还没去呢，在一群奸佞小人的诽谤下，南宋朝廷以"贪财、好色、酷刑"的罪名将其罢免。短暂的复出宣告结束，辛弃疾的担心也成了现实，南宋与金朝的战争以南宋失败而告终，韩侂胄被杀，南宋被迫举行丧权辱国的和谈。

移居瓢泉　梦回泉城

济南，以泉水众多著称，是中国泉水数量众多的城市之一。在雨季，济南城"家家泉水，户户垂杨"。连见惯了江南山水的江西籍文人曾巩也赞叹道："齐多甘泉，冠于天下。"来自泉城的辛弃疾自然对泉水更是寄予了特殊的感情。

南宋淳熙十三年（1186）的秋天，辛弃疾在鹅湖山下的秋景中漫步时，在奇师村金色稻田边，发现了一口清泉。泉眼背靠青山，临近交通要道，附近有河流田地。泉水清澈甘甜，水流不大，形状如瓢，人称"周氏泉"。来自泉城的辛弃疾似乎一下子找到了家乡的感觉，他惊喜万分，流连忘返，并赋词《洞仙歌·访泉于期师村，得周氏泉，为赋》一首，表达内心的喜悦。

年纪越大，越念故土，越思故人。伴随着政治光环的逐渐褪去，久居南地的辛弃疾越来越想家了。雄伟的泰山，清澈的济水，灵秀的涌泉，大明湖的荷花是不是又开了？老家一同玩耍的小伙伴们如今安在？

"穷则独善其身"，既然闲居多年不能为国效劳，

那就退而求其次，向古代的陶渊明等隐士学习，欣赏风景，看看泉水。人生无非就是这些内容，干脆在此地建几栋小房子，像陶渊明一样在家门前种几棵柳树。回带湖后，要好好研究下，按照自己的思路好好设计一下这块地方。家乡已无法回，干脆在江南这个有泉水的地方卜居吧。

《千岩万壑图》 吴彬

南宋淳熙十四年（1187），正值江南春雨绵绵，考虑成熟后的辛弃疾冒着雨再次来到这汪泉水跟前。出手大方的他将泉水买下，并在泉水边建了个茅草书楼。他实在是太喜爱这汪泉水了，泉水面积不大，形似瓢，干脆改名叫"瓢泉"吧。"一箪食，一瓢饮，在陋巷"，辛弃疾引用孔子评价弟子颜回的话，表明自己"不改其乐"的志向。他将瓢泉所在的"奇师村"改为"期思村"，寓意期待并思念，他期待着南宋王朝能够北定中原一统全国，也期待着自己能够为国所用、东山再起。

而后，铅山县的瓢泉成了辛弃疾在带湖之外的另外一处常居地，成为他接待好友一起饮酒作词的待客之地，也成为辛弃疾往来赣闽之间的短暂停留地。南宋淳熙十五年（1188），在与陈亮的第二次鹅湖之会时，辛弃疾就是在瓢泉住所接待的陈亮，二人"酌瓢泉而共饮"，共论国家大事。

南宋绍熙四年（1193），辛弃疾重新被起用，到福建任职。不到一年时间，辛弃疾又被罢免，回到了信州带湖住所。这次回来后，他决定定居瓢泉，并着手扩建此地的住宅。南宋庆元元年（1195）的

《南村草堂图》　王蒙

　　春天，瓢泉住所的扩建工程终于完工了。辛弃疾作《浣

溪沙·瓢泉偶作》以庆祝。

　　新建造的房子，已经初具规模，一步又一步地

快要竣工了。从窗户向外望去，青山横卧，白云朵朵。

去年建房子的时候，恰好燕子也在屋梁上筑巢。因

为身体不好，辛弃疾把酒戒了，对觥筹交错的酒场
竟有些胆怯了，"我饮不须劝"的豪情再也没有了。
年纪大了，静下心来，不再折腾，烧香念佛，以减
轻病痛。但有时候，在身体允许的情况下，他仍然
喜欢观赏舞蹈听听歌曲。

瓢泉和杜甫的草堂一样，为辛弃疾所爱。在铅山县的这汪泉水旁边，辛弃疾看青山妩媚，赏花鸟逢迎，在青山绿水中寻找自己的乐趣，淡淡思念泉水遍城的家乡。他自嘲说，罢官回来，连山川、鸥鹭都在笑话他了。人老了，头发都白了，再次回到住的地方，好好种田吧。

只是，日子愈发不顺。罢官从福建回上饶后，生活愈发窘迫。南宋庆元二年（1196）三月，居住多年的带湖庄园突发大火，家中书籍、财物毁于灰烬。这次火灾，使得原本生活较为宽裕的辛弃疾倾家荡产，生了一场大病，在经济上、精神上和身体上遭到了多重打击。因为经济窘迫，他把家里的歌妓都打发走了。

和辛弃疾感情很深的妻子范氏也得了重病。辛弃疾万分着急，请了附近一位医生到家中为妻子治病。老郎中在诊脉中，侍女整整恰在范氏旁边守候。辛弃疾对医生说，如果您治好我妻子的病，我就把这个侍女送给你。"医者索酬劳，那得许多钱物。"此时的辛弃疾窘迫得连看病都看不起了。陪伴辛弃疾30多年的范氏还是去世了，死后葬于瓢泉附近。

范氏去世后，辛弃疾在当地铅山县娶了第三任妻子林氏。

在词作《水调歌头》中，辛弃疾无奈地自嘲着自己所处的窘境。虽然要搬家了，但是家里有什么呢？好在还有一堆自己最看重的书。"莫问家徒四壁，往日置锥无。"家徒四壁，还没有立锥之地。借了朋友的车子装载家具，家具太少了都没有装满车子。"二三子者爱我，此外故人疏。"除了两三个人还照样喜欢我，其他故人大多都疏远了。

火灾之后，他搬迁到瓢泉居住。或许自己还是不适应江南的潮湿环境，冬天阴冷，夏天湿热，特别是瓢泉的房子显得湿气更大。真是想念北方那暖和干燥的天气啊。他早已经不是那个健壮如牛的北方大汉了。在瓢泉附近，人们经常可以看到一个头发全白的老人，挂着拐杖，大腹便便，颤巍巍地一步步慢慢行走。

此时的辛弃疾，"叹十常八九，欲磨还缺。"在瓢泉新建的"停云堂"，辛弃疾独自而坐，怅然泣下。

寂寥晚年　抱憾逝去

祸不单行。在带湖庄园被毁掉之后，朝廷言官还要"落井下石"，称辛弃疾为大奸大恶之人。朝廷把辛弃疾冲佑观奉祠的闲职也罢免掉了，让他彻底没有了收入来源。在拮据的现实生活中，频频出现在他身边的朋友，相较于带湖时期，不仅在官职、社会地位上更低一些，而且更多的是处江湖之远的隐居人士。

辛弃疾共育有九子二女。九子分别为稹、秬、稏、穮、穰、穤、秸、褒、䰜。除了䰜外，其余八子取名字皆与禾有关。两个女儿分别嫁给范南伯之子范炎和陈骏之子陈汝玉。

对于子女的教育，辛弃疾是有亏欠的。多年在外地为官，家中孩子疏于管理，儿子们和他的关系并不好。特别是第一任妻子所生的大儿子辛稹和二儿子辛秬，在他们年龄很小的时候，亲生母亲就去世了。兄弟俩对辛弃疾颇有怨言。南宋绍熙五年（1194），在福建任上的辛弃疾想要写辞职报告退休，遭到长子、次子的强烈反对，他们想要辛弃疾把房子、田地买好了再退休。辛弃疾十分生气，作了一首词《最高楼》（吾衰矣），把两个不争气的儿子臭骂了一顿。两个女婿倒是让辛弃疾比较满意，二人均学有所成，在政治上也有个一官半职。

如果说，带湖时期的辛弃疾是儒家和道家相结合，那瓢泉时期的辛弃疾更偏向于道家了。在带湖时期，辛弃疾虽然自比陶渊明，但更想重出江湖，像诸葛亮那样辅佐君主建功立业。他把住所定在信州也是进退自如的一种考虑。而在瓢泉时期，历经打击摧残之后，他极度失望和心灰意冷，表现出来的是通过自嘲自解，来抒发心中郁闷，从道家的潇洒和无为中寻找心理平衡。

朱熹的境况也不比辛弃疾更好一些。一朝天子一朝臣，赵扩登基后不久，选择了韩侂胄和赵汝愚为宰相。可韩、赵二人水火不容，内斗不断，最终韩侂胄击败了赵汝愚。赵汝愚、朱熹等被罢免职务，逐出朝堂。韩派污蔑朱熹学说为"伪学"，朱熹则为"伪学之魁"。南宋庆元三年（1197），朱熹和赵汝愚、周必大、吕祖谦等人被宣布为"伪学逆党"，史称"庆元党禁"。

南宋庆元六年（1200）三月，带着愤恨和幽怨，朱熹在武夷山的家中病逝。南宋朝廷害怕朱熹的学

《枫溪垂钓图》 仇英

生徒弟聚集闹事，下令禁止人们前往吊唁。辛弃疾听闻朱熹去世，悲痛万分，他不顾朝廷禁令，没有考虑个人安危，逆流而上，亲自到福建武夷山悼念。并评价朱熹为"所不朽者，垂万世名。孰谓公死，凛凛犹生！"在这件事上，足可见辛弃疾是一个重感情、讲义气、富有正义感的人。

朝廷终于想起在无名的小角落，还有一个辛弃疾。南宋嘉泰三年（1203）至开禧元年（1205），辛弃疾先后被朝廷任命为绍兴知府、镇江知府等职。

南宋开禧元年（1205），刚复出不到两年，辛弃疾又被朝廷免掉所有职务。这年的秋天，枫叶渐红，秋霜尽染，江南的秋天似乎总比老家的秋天显得五彩斑斓些，也显得更加温暖柔和些。但辛弃疾毫无欣赏秋景的闲情雅致，他带着满腔的忧愁和愤怒回到了瓢泉住所。

南宋开禧二年（1206），朝廷又想起抗金来了，占据上风的主战派再次起用了辛弃疾，任命他为浙东安抚使。辛弃疾被免职的愤怒还未消退，于是上书请辞。同年四月，宋宁宗下达北伐诏书，南宋正式出兵北伐，分淮南东、淮南西、京西、四川等几路出师。刚一开始南宋军队进展较为顺利，但和金兵真正硬碰硬的时候，几路兵马全部败退。有文人形容此次失败为"百年教养之兵一日而溃，百年葺治之器一日而散，百年公私之盖藏一日而空，百年中原之人心一日而失"。而这些残酷的结果，正印证了当时辛弃疾在镇江任职时"元嘉草草，封狼居胥，赢得仓皇北顾"的担忧。金朝部队士气大振，乘胜南下，加大了对南宋的军事压力，并以韩侂胄的脑袋作为议和条件。

这次的北伐虽然取得了民意支持，但南宋朝廷却太过于着急而没有准备充分。一场国与国之间的战争，需要极为周密的计划、懂兵法会带兵的将领、英勇善战的士兵、充足的后勤保障，并要上下同心、做到知彼知己。但韩侂胄在朝廷内部没有得到重要支持，手下也并无得力战将。南宋开禧三年（1207），为了换取金朝的和平条件，韩侂胄被设计杀死，宋金两国达成议和。重订盟约如下：一是两国恢复开战之前的国界线，金朝把侵占的土地归还；二是顺承靖康年间的关系，金和南宋世代为伯侄关系，宋主称金主为伯伯；三是南宋把交纳的岁币增加为银30万两、绢30万匹；四是南宋另外给金朝300万贯的犒军钱。

其实朝廷当权者哪是真的想用辛弃疾？这么多年了，一直都是有困难了找辛弃疾，要打仗了找辛弃疾，打仗失败了要找"背锅侠"还是找辛弃疾。辛弃疾的一腔热血早已变成心如死灰。南宋开禧三年（1207），古稀之年的辛弃疾已经重病缠身，不能下床。朝廷再次起用他，任命他为枢密院都承旨，令他速到京城赴任。有人分析，从被任命的职务看，这次朝廷可能是真的要重用辛弃疾了。只是，辛弃疾已卧床不起，他已经没有能力去担当这个重任了。这年的农历九月初十，一代英豪、人中之杰、词中之龙辛弃疾，带着愤懑的心情和未了的心愿离开了人世。

辛弃疾去世后，葬于瓢泉附近。一直到今天，到辛弃疾墓地拜谒的人依旧络绎不绝。他生于江北泉城，20岁南下，一生北望，可再也没有回到自己北方的家乡。他定居于瓢泉并病终于此。或许，他已经回家了，他用另外一种方式在心里已经回到了那个满城泉水的家乡。

南宋嘉定元年（1208），倪思弹劾辛弃疾，导致辛弃疾即使去世后也被"追削爵秩，夺从官恤典"。在朝廷敌对势力一再打压之下，辛氏后人四散逃离，其中有一支不得不改姓辜。

南宋绍定六年（1233），在辛弃疾去世20多年后，南宋朝廷终于为辛弃疾平反，追赠其光禄大夫。

辛弃疾生平碑刻

　　南宋德祐元年（1275），在辛弃疾去世70年左右，经谢枋得申请，南宋恭帝追赠辛弃疾为少师，谥号"忠敏"。而此时的南宋王朝，也已经摇摇欲坠，濒临灭亡。

　　南宋德祐二年（1276），南宋灭亡。

尾声　　一代英雄　光耀千秋

辛公已去世 800 多年。有人说他是一位爱国者，有人说他是一员军事猛将，有人说他是一名豪放派词人。总结一下，有三点是比较明确的。

第一，他是杰出的军事将领。他 20 岁刚出头就扛起抗金大旗，聚众 2000 余人起义，后加入耿京义军，担任掌书记。在起义部队出现义端这类叛徒时，他立下军令状，策马追赶，果断击杀。在耿京被叛徒张安国杀害后，他怒发冲冠，率 50 人马，闯入数万人马把守的敌营，奇迹般地擒拿叛徒安然返回。可谓"百万军中取上将首级"，连南宋天子都要惊讶地"三叹息"。南下江南后，他先后写下《美芹十论》《九议》等军事著作，献于朝廷，力图北伐，统一大业。在茶商军叛乱时，朝廷多次派官员前往征剿，屡战屡败，直到辛弃疾去后，3 个月就予以平定。辛弃疾在湖南任职期间，克服重重阻碍创建了"飞虎军"，成为国家最精锐的防守部队之一，为金军所忌惮。

第二，他是难得的治世能吏。辛弃疾南归后，从江阴签判开始，辗转于赣、苏、鄂、皖等地，跨越长江、淮河，先后担任建康通判、滁州知州、江东安抚司参议官、江西提点刑狱、京西转运判官、江陵府兼荆湖北路安抚使、隆兴知府兼江西安抚使等职务，每次任职，都是政绩卓著。比如，宋金交界地带的滁州，连年战乱，人烟稀少，商人避之不及，经济近于崩溃，辛弃疾到任不到一年，采用现在招商引资的做法，引得滁州商贾云集，百姓安居乐业，经济迅速复苏。南昌地区发生严重旱灾，粮食绝产，物价飞涨。辛弃疾调任隆兴府知府后，立马贴出告示："闭粜者配，强籴者斩"，采取强硬措施，市场物价迅速稳定下来。

第三，他是稀世的词中之龙。很多朝代都有自己最具代表性的文学体裁，比如，唐朝的诗、宋代的词、元朝的曲、明清的小说。宋代是词作的巅峰，而辛弃疾在中国"词"的巅峰时期贡献了巅峰词作。有人称辛弃疾为"人中之杰，词中之龙"。他与苏轼被人称作"苏辛"，与同是济南人的李清照并称"济南二安"。"幼安之佳处，在有性情，有境界。"伟大词人不仅仅在于奢华辞藻的创作，更重要的是意境的创造。穿越历史，"蓦然回首，那人却在灯火阑珊处"成为读

不同版本的《辛弃疾传》

书治学、为人处世的最高境界。时隔千年，李彦宏从"众里寻他千百度"中找到两个字作为公司名称，成了最大的中文搜索引擎和世界互联网巨头。毛泽东主席多次说他喜欢读苏东坡、辛弃疾的词作，其诗词风格也深受辛词影响。

应当说，辛弃疾的才华能力还是得到公认的，他在军事、政治和文学方面展现出的成就是毋庸置疑的。

历史人物是复杂条件成就的。除了其个人因素外，地域因素和历史背景是产生历史人物的重要条件。同样，辛弃疾既是地域的产物，也是时代的产物。

从地域而言，辛弃疾是山东人。他人生的前20年都在山东居住。齐鲁大地则为文武兼备奇才的培养提供了肥沃的土壤。这里有齐国之重商与鲁国之重礼，亦有岱宗之秀色与北溟之美景，还存孔孟之遗风与好汉之忠勇。泰山的厚、孔孟的儒、泉水的灵、山东好汉的义相互融合，崇文与尚武的精神交织跌宕，为辛弃疾的人格塑造提供了多元的外部环境。

南下江南后，辛弃疾又被新家园的历史文化、风土人情所吸引。在滚滚东流的长江边，在六朝旧事的故都城，在郁孤台下的清江水，在鱼稻富庶的楚旧地，在奇山秀水的赣东北，辛弃疾这北方的"根"，又发出南方的"芽"。他恋着故土，心系北伐，却也可以退隐江湖，欣赏山水，作词弄曲。北方的铁骨汉子竟也可以变得柔情似水，写出一篇篇带着江南味道的柔美词作。

从时代背景看，在宋金对峙的时代大背景下，每个人似乎都是小人物。连身居高位的宋徽宗、宋钦宗都可以被抓到苦寒之地过着耻辱生活，客死他乡，更何况小老百姓。辛弃疾和党怀英是同门师兄弟，关系要好，可在人生道路选择上却正好相反，一个选择留在北方，一个则选择南下归宋，人生境遇截然不同。

历史学家说，他是一位被时代错位而成的文学家。辛弃疾的初心和使命是做一个将军，像卫青、霍去病一样驰骋疆场，建功立业，收复中原。可现实却很残酷，一身武艺无可用，武将不成变文人。在掌权者眼中，辛弃疾只是帮助解决难题的工具或朝廷失败顶罪的"背锅侠"。在官场中，他性格刚直，容易被人攻击，每当他取得明显政绩，准备在岗位上创造更大成绩时，朝廷的调令又来了。或许，只有在梦里，辛弃疾才能"吹角连营"，征战沙场。只有在酒后，辛弃疾才能"挑灯看剑"，大胆杀贼。他一生北望，北伐中原、建功立业的愿望终难实现。他在江南，心系故土，用一生的时间北望，欲说还休，却道天凉好个秋。对于辛弃疾个人而言，这无疑是人生的悲剧。但有辛弃疾在，中国历史上多了一位文武双全、创造宋词之巅的词中巨龙，中华文化也多了一篇又一篇传诵千年、塑造民族精神的经典词作。对整个中华民族而言，这应该是历史的幸事。

辛弃疾的后半生，多在赣江流域。赣水苍茫，一路北上，昼夜不止，似乎正暗合辛弃疾一生北向的愿望。辛公已去，岁月变迁，唯词长存。时光飞逝，只有这涛声依旧的赣江水可以作为历史的见证。

图书在版编目（CIP）数据

辛弃疾画传 / 朱虹，刘晓毅著 . -- 南昌：江西美术出版社，2023.7
（中国历史文化名人画传系列）
ISBN 978-7-5480-9462-3

Ⅰ.①辛… Ⅱ.①朱… ②刘… Ⅲ.①辛弃疾（1140-1207）一传记一画
册 Ⅳ.① K825.6-64

中国国家版本馆 CIP 数据核字 (2023) 第 113296 号

出 品 人　刘　芳
编辑统筹　方　姝
责任编辑　姚屹雯　李安琪　舒逸熙
责任印制　谭　勋
书籍设计　韩　超　胡文欣　　先鋒設計
封面插图　谭崇正

辛弃疾画传 XIN QIJI HUAZHUAN
中国历史文化名人画传系列 ZHONGGUO LISHI WENHUA MINGREN HUAZHUAN XILIE
朱　虹　刘晓毅 / 著

出　版：江西美术出版社
地　址：南昌市子安路 66 号
邮　编：330025
电　话：0791-86566309
网　址：www.jxfinearts.com
经　销：全国新华书店
印　刷：湖北金港彩印有限公司
版　次：2023 年 7 月第 1 版
印　次：2023 年 7 月第 1 次印刷
开　本：710mm×1000mm　1/16
印　张：11.75
ISBN 978-7-5480-9462-3
定　价：48.00 元